教育の泉 ⑱

保護者と語りたい 子育て話材50

北 俊夫 著

文溪堂

まえがき

かつて多くの家庭では、お祖父さん、お祖母さん、お父さん、お母さん、そして子どもたちの三世代が一つ屋根の下で生活していました。そこでは、祖父母から子どもの育て方や躾の仕方について、経験や体験をもとにいろんな助言を得ることができました。子どもが風邪など病気になっても、落ちついて対応してくれました。子育ての知恵袋をもっていたからです。ところが、都市化が進行すると、家庭が核家族化し、身近なところに祖父母がいなくなり、子どもを育てるとき困ったことがあっても、気軽に相談できる環境でなくなりました。

地域に目を転じても、かつて情報交換の場であった井戸端会議は見られなくなりました。地域社会での人と人とのつながりが希薄になり、子育ての悩みについて気軽に相談し合う機会が少なくなってきました。ここにも時代の変化を感じます。

保護者の方が子育てについて身近に相談できる場として学校があります。学校には月にほぼ一回の保護者会があり、子どもの育て方が話題になります。学級担任が子どもの育て方を積極的に話題にすることもあります。

保護者会の場で担任は、家庭での子どもの教育や躾についてどのようなことを話題にすればよいのでしょうか。また、保護者の子育てについての悩みにどのように応えたらよいのでしょうか。

子どもの育て方には、先人が大切にしてきた多くの鉄則や知恵があります。それは子どもに対する見方や観察の仕方であったり、子どもへの言葉のかけ方であったり、さらには接し方であったりします。そこには保護者の子ども観や生き方が投影されています。それらの多くは時代が移り変わっても変わるものではありません。いつの世でも大事にしたいものです。

本書『保護者と語りたい子育て話材50』は、子育てのまっ最中にある保護者に伝えたいこと、ともに語り合いたいことを50の話材としてとりまとめたものです。保護者への「子育て応援メッセージ」でもあります。保護者会などで子どもの育て方について話し合うとき、そのきっかけとして話題にすることができます。

紹介した50の話材を学校通信や学年・学級通信などに掲載し、保護者に伝えることもできます。また、保護者の方にも本書を手にとっていただき、家庭教育読本として活用してほしいと願っています。

本書に紹介したことは、学校で子どもの教育に携わっている教師に求められていることでもあります。これらを日頃の教育指導において生かし、子どもたちとの信頼関係を深めるとともに、学習指導や生徒指導、学級経営のさらなる充実を目指してほしいと思います。

最後になりましたが、本書は株式会社文溪堂会長水谷邦照氏のお力添えによって出版することができました。この場を借りて心よりお礼申しあげます。

令和2年9月16日

北　俊　夫

目次

保護者と語りたい子育て話材50

保護者に語りかける子育ての話は、理念だけでは伝わりません。イメージがもてなかったり、手だてが具体的に見えなかったりするからです。理想論だけでは「そうは言っても」と拒絶されてしまいます。一般論より具体的なほうがいいです。たとえが入ると、より分かりやすいですね。

できれば、理念と具体例を往復するとよいでしょう。理念→具体例→理念という流れです。

すぐにはできなくても、そんな話し方を心がけたいですね。話したから伝わったことにはなりません。伝えたいことが伝わる方法を工夫したいものです。

1 「啐啄同時」——親鳥と孵化する雛の行為に学ぶ

啐啄同時（そったくどうじ）という言葉をご存じでしょうか。この言葉は仏教の世界で使われてきたようです。『広辞苑（第六版）』には、「禅宗で師家（しけ）と弟子とのはたらきが合致すること」とあります。師家とは学徳のある禅僧のことで、座禅の師を言います。師家と弟子との関係を親と子ども、教師と子ども、一般の会社では上司と部下に置き換えることができます。

では、両者の「はたらきが合致する」とはどういうことでしょうか。この意味を卵を抱き温めている親鳥と卵から孵化する雛との関係で考えてみます。一定の日数が経って、鳥の卵が成熟してくると、なかにいる雛は卵の殻を内側から突っついて外に出ようとします。このような行為を「はしうち」と言い、このときの音を「啐」と言います。その音を聞いた親鳥は、雛を少しでも抵抗なく出させたいという親心が働いているのでしょうか。外から殻を突っついてかみ破るそうです。この行為を「啄」と言います。雛の行為と親鳥の行為が一体になることを「同時」と言っているのでしょう。雛と親鳥が協働することによって、雛は容易に卵の殻を破って外に出ることができます。卵が無事に雛に孵化します。殻のなかからはしうちする音を聞き取る親鳥の鋭敏な聴覚と即座に応える愛情に驚かせられます。ここから私たちが学ぶことはないのでしょうか。
友だちからいじめや暴力を受けている子どもや自分の悩みを素直に相談できない子どもは、助けを求めるために何らかのサインを出しています。これが「啐」です。そのことにいち早く気づき、温かい支援の手を差し伸べること、その子どもに愛情のこもった言葉をかけることが「啄」です。「啐」にも「啄」にも心が伴っています。

人間は喜怒哀楽の感情をもっています。人は誰でも嬉しいときは嬉しいと思い、楽しいときは心が愉快になります。悲しいときには心が暗くなります。不合理なことには怒りを感じます。ただこうした感情の表現は人によって違いがあります。素直に感情表現する人もいれば、なかには心の内に秘めていて、表に出さない（出せない）人もいます。また、不明なことが解決したときや理解できたときには安堵の表情になり、わからないときや納得できないときにはけげんな顔になります。この表情にも個人差や個性が見られます。

人間は感情の動物です。心の動きは何らかのかたちで表出されます。それは多くの場合、無意識で発せられるつぶやきだったり、何げなく変化する顔の表情だったりします。この何げなさに気づき、ひとこと言葉をかけること、日常生活における「啐啄同時」を大切にしたいものです。

2

「口は一つ、耳は二つ」――聴き上手は人を育てる

私たちは一つの口と二つの耳をもっています。口には食べ物を食べたり飲んだりする以外に、声を出して「話す」という重要な役割があります。耳では人の話や音楽などを聴くことができます。脳と連動して、話や音などの内容を理解したり、善し悪しを聞き分けたりしています。口や耳は言語活動を展開し、人とコミュニケーションをとるための重要な器官です。これらの器官に何らかの障害のある人には、周囲の人に特段の配慮が求められることは言うまでもありません。

なぜ、口は一つで、耳は二つなのでしょうか。周囲を見わたすと、人間だけでなく、他の哺乳動物や鳥、爬虫類なども、形態は違いますが、口は一つで、耳は二つです。

ある人から伺ったことです。口よりも耳のほうが多いのは、「人に話をすることよりも、人の話を聴くことを2倍大切にしなさい」という意味があるそうです。科学的な根拠はまったくありませんが、どこかわかるような気がします。

私たちはどうしても自分の主張を先に言う傾向があります。主張することはとても大切ですが、それと同時に、あるいはそれ以上に相手の言い分をじっくり聴くことがもっと大切です。二つの耳は異なる意見を聞く。多面的に聞き取るという意味もあるのでしょう。

聞くことによって相手を理解し、その人の願いや悩みに応答することができます。

ラジオの人生相談を聴くことがあります。回答者はまず相談者の話を相槌を入れながらじっくり聞いています。そのあとに回答者が助言しています。両者のやり取りを聞いていると、相談者が悩みを話しているなかに、ある程度の回答や方向性が見いだされていることがあります。相談者はすでに答えをもっていて、それを第三者に話して、確認したかったのかもしれません。

まずは相手の思いや考えをじっくり聞くことがはじめの一歩、すなわちホップです。次のステップは回答者が自らの考えや体験などにもとづいて助言すること。そして、最後のジャンプでは相談者が最終的に判断することです。ホップ・ステップ・ジャンプの原則は、子どもに対しても言えるのではないでしょうか。親として子どもの言い分をまずはじっくり聴いて、受けとめます。聴くことは大切な情報収集であり、子どもの内面の状況（心の思い）を理解することにつながります。聴き上手は子育て上手です。

二つの耳で子どもの言い分をじっくり聴き取り、一つの口で無駄や無理のない内容を伝えます。聴くこと、話すことは子どもの成長に直接関わる重要な言語活動だと言えます。

3

長所を伸ばせば、短所は消える
――短所も長所に見えてくる

人には誰にでも長所と言われる優れたところと、短所と見られる課題や弱点があります。すべてが優れているオールマイティな人はいません。こうした長所や短所は他の人と比較して顕在化されるものではなく、その人のなかで相対的に比べながら判断されるものです。その意味で、長所も短所もその人の個性だと言えます。

子どもをさらに成長させようとするとき、私たちはどうしても短所に目がいきがちです。そのため、苦手なところなど課題や弱点を改めるように助言します。助言された子どもは、解決の方策が見いだせず、負担を感じることがあります。見通しがもてず、意欲を喪失してしまうこともあります。

それに対して、長所に目を向け、さらに伸ばすよう励ます手だてがあります。「君は絵が上手だね。これからもその調子で頑張れよ」と言われると、元気が出てきます。長所はその子どもにとって得意分野でもありますから、自信をもってさらに意欲的に取り組みます。その結果、長所はさらに成長していきます。

長所を伸ばすことによって、短所が相対的に薄まっていきます。長所が全体の４割から６割に増えると、短所は６割から４割に減少します。その子どものなかから、短所がまったく無くなるわけではありませんが、長所がさらに際立っていくことによって、短所が見えにくくなるということです。「長所を伸ばせば、短所は消える」とは、子どもを育てる一つの考え方を言ったものです。

「長所は短所」という慣用句があります。見方を変えれば「短所は長所」でもあるとも言うことができます。ここから長所と短所は一体のものとも受けとめることができます。視点を変えれば、対象である子どもの見方や理解の仕方も大きく変わります。

注意が散漫で、人の話を落ち着いて聞くことのできない子どもがいます。「落ち着きのない子どもだ」とネガティブに決めつけがちですが、「いろんなことに関心を向け、常に活動的な子どもだ」と理解することもできます。これとは逆に、何を行うにも時間がかかり、おっとりしてなかなか行動に移さない子どももいます。「動きが遅いね。もっとてきぱきと行動しなさい」と言いがちですが、思慮深く、物事に慎重に取り組む子どもだと捉えると、その子どもへの接し方が変わってきます。ネガティブなことでもポジティブに見方を変えると、どの子どもも救われます。

子どものよさや可能性を見いだし、さらに伸ばすことは、子どもへのとても重要な接し方だと言えるでしょう。

4 「早く！　早く！　早く！」――慎みたい言葉の一つ

保護者が子どもにたびたび投げかける言葉に「早くしなさい！」「早く！　早く！」があります。これは行動を急がせる言葉で、時間に間に合わないときや子どもがのんびり行動しているときなどについ出てしまう言葉です。

朝、子どもが起床してから学校に出かけるまでに「早く！」という言葉を何回連呼しているでしょうか。起きるとき、顔を洗うとき、着替えるとき、学用品を揃えるとき、食事のとき、家を出るときなど思っている以上に「早く」の言葉を発しているものです。

ある調査によると、子どもが起床してから家を出るまでに保護者が発した「早く」の回数が30回を優に超えたと言います。６時20分に起床し、家を出るのが7時40分の場合、２分40秒にほぼ1回「早く」を発した計算になります。無意識のうちに発していたり、あるいは口癖になってつい口に出したりしている場合があるかもしれません。

言葉を発している保護者のイライラしている様子が伝わってきます。ところが、一方の子どもはそれほど気にしていない様子です。「早く」の意味を実感していないのかもしれません。耳に慣れてくると、聞こえてはいるものの、聞いていないことも考えられます。

「早く」の言葉をできるだけ少なくし、できれば言わなくてもすむようにするには、早め、早めに行動させることが大切です。次に何をするのか、先の見通しをもたせ、余裕をもって一つ一つのことを行うようにさせます。時計を見ながら、自ら判断し自らの行動を決める習慣を身につけさせます。

一つの工夫として、家庭での過ごし方を示した日課表を作成する方法があります。作成に当たっては、その必要性を説き、無理のない計画を子どもと一緒につくります。毎日のことですから、起床、布団の整理、洗顔、食事、歯磨き、学校に持参するものの確認、家を出るといった具合に、起床してから登校までに行うことや、その順序はおよそ決まっています。前日の夜、就寝のまえに何を用意しておくかをハッキリさせ、実行させます。

朝の忙しい時間帯にはやらなければならないことを段取りよく行わないと、登校時刻に間に合わなくなることを実感させることも一つの方法です。保護者として不安になりますが、例えば遅刻するなど失敗体験から学ばせることもできます。

先を見据えて一つ一つのことを丁寧にこなすことによって、落ち着いた生活ができ、交通事故など不慮の事故にも遭わないようになることに気づかせます。何ごとにも、自分の意思で取り組むという自発性を育て、自立を促すことがポイントです。

5

「6秒間」に秘密が ―― とにかくひと呼吸して待つ

「体罰」が社会問題になっています。子どもへの「虐待」も報道されています。学校や家庭での体罰や虐待が、今なお完全に無くならないのが現状です。

多くの場合、体罰は子どもの言動に対して行われます。子どもが反抗したり、期待していた結果を示さなかったりしたとき、ついカッとなって衝動的に体罰をしてしまいます。「体罰はいけないこと」と認識しているにも関わらず、つい手が出てしまうのです。

体罰は理性的な行為ではなく、感情（怒り）が自己コントロールできなくなったときに起こる行為です。「こうあるべきだ」という思い込みや「こうしたい」「こうしてほしい」「こうなってほしい」という目標や期待と、子どもの実際の姿がズレているときには、それに対してプレッシャーを感じます。これらがストレスになり、怒りとして一気に噴出するのかもしれません。

サッカーの指導をしている人から聞いた話です。優勝しなければならないという周囲からの期待がプレッシャーになって、子どもたちを必要以上に厳しく指導してしまうと言っていました。それが行き過ぎて、つい子どもたちに暴言をはいたり、つい手が出てしまったりすることがあると、そのときの思いを述べていました。

子どもを伸ばすためには様々な指導方法がありますが、体罰によって育てるという方法はありません。暴力や虐待もしかりです。「体罰は愛のムチだ」という人もいますが、それは詭弁です。体罰には憎悪の念があり、愛情とは無関係です。

体罰を感情の自己コントロールの問題として捉える取り組みが見られます。日本アンガーマネジメント協会の安藤俊介氏は、人間の「怒りの衝動は6秒間で収まる」と言っています。確かに多くの場合、少し時間が経つと、瞬間的に生まれた怒りはそのうち収まっていきます。カッとなった激しい感情はそれほど長くは続きません。わずか6秒間に秘密がありそうです。6秒間は神経作用を落ちつかせる時間です。6秒間に鎮静剤の役割があります。

体罰防止のために、「カッとなったときには、6秒間待つ」という、メンタル（感情）をコントロールする研修を教員を対象に実施している教育委員会もあります。

家庭でも、子どもに「怒り」を感じたときには、まずは深呼吸を1回行い、指を折りながら「1・2・3・4・5・6」と数え、6秒間待つことを取り組んでみてはどうでしょうか。心が冷静になってくると、そのうち、自分はなぜイライラしているのか。自分は何をどうしようとしているのか。恥ずかしくなって、自己嫌悪に陥るかもしれません。

6

「育てたように子は育つ」
——親の躾け方が大きく影響する

地球上の様々な生き物は、周囲の自然的、社会的、人的な環境の影響を強く受けながら生きています。人間も例外ではありません。

「ヒトはよき環境のなかでひとになる」と言います。片仮名の「ヒト」には誕生してすぐの生物的な意味あいがあります。平仮名の「ひと」とは成長した人間という意味です。人は環境によって教育され、成長していくということでしょう。また、「ヒト（子ども）はひと（親や教師）によって人（成人）になる」とも言われます。

学校には親や教師、友だちなど人的な環境と、教科書や参考書、机、パソコン、掲示板など物的な環境があります。そして、それらが醸し出す雰囲気や空気のような目に見えないものも環境を構成しています。これらのなかでも特に重要なのは親や教師といった人的な環境です。子どもは親や教師の後ろ姿を見て育つと言います。子どもは親や教師をモデルに、知らず知らずのうちに真似ながら育っていくことはこれまでもたびたび指摘されてきました。子どもは周囲にいるおとなをモデルに成長していきます。

アメリカのダニエル・ゴールマンは『EQ—こころの知能指数』（講談社、土屋京子訳）のなかで、子育てに関する調査結果を紹介しています。そこでは「（親の）暴力的な性格は次の世代にも伝わるらしく、彼らの子どもたちもやはり親と同じように小学校で暴力問題を起こした」とショッキングな内容を報告しています。また、「幼いときに攻撃性をもっていた女の子は気まぐれで子どもを厳しく罰する母親に、攻撃的な男の子は気まぐれに厳しく子どもを叱る父親になる」として、「攻撃的な性質が世代から世代へと伝えられていく仕組み」が明らかになったと述べています。暴力的に育てられた子どもは、暴力を肯定する人間に成長するということでしょう。

相田みつをはかつて「育てたように子は育つ」と言いました。親が優しく育てると、優しい子どもに成長し、騒がしいなかで育てると、落ち着きのない子どもになるということでしょうか。ダニエル・ゴールマンと相田みつをには共通点があります。

子どもに読書に対して関心をもたせ、読書好きの子どもを育てるには、親も一緒に本を読む時間をつくるとよいと言われます。

いずれも、よき環境と生き物の健全な育ちとは深く関わっていることを示しています。生き物は人的、物的、そして風土的な環境の影響を強く受けながら生きているということでしょう。

子どもの成長には、直接関わっている保護者や教師などおとなの役割が極めて大きいことを改めて確認したいものです。

7

アリとトンビとトンボ ――「三つの目」で子どもを観る

子どもの見方についてのお話です。「子どもの見方」とは、子どもをどう注意深く見るかということです。その意味で「見方」ではなく、「観方」と言ったほうが正確です。観察眼という言葉があります。これは物事を観察する見識のことです。見識とは物事の本質を見通す優れた判断力や確かな考えなどを言います。保護者として見識を高め、子どもに適切に関わるためには、子どもに対する最適な見方が求められます。子どもを観察する際の目を「アリとトンビとトンボ」にたとえます。

まず、子どもを「アリ」になったつもりで観察することです。アリは地面や木々などを激しく動き回る小さな生き物（昆虫）です。人間の目には気づかない、小さな動きやものを敏感に感じ取り、危険な状況を回避したり、仲間と餌を運んだりしています。アリのすみかは、人間の目では直接見ることのできない地中です。巣のなかの様子は想像するしかありません。

アリの目で子どもを観るとは、子どもの小さな変化を見逃さないということです。これを微視的な観察と言います。変化は言葉づかいや振るまいなどに具体的に現れます。夕食を残す。口数が少なくなる。服装を異常に気にするなど、些細な変化に気づき、その原因を早期に把握します。もちろん課題や問題点だけでなく、できないことができるようになったなど小さな進歩や成長に気づくことも大切です。

そして、観察して得た外見から、子どもの心情や内面を推し量ることです。観えたことから観えないことを洞察することは、子育てにおいて求められる重要な観察眼だと言えます。

次は、子どもを「トンビ」になったつもりで観察することです。トンビはトビ（鳶）とも言われています。アリは細部にわたって微視的に観ているのに対して、トンビは空高く舞い上がり、「ピイヒョロロ」と鳴きながら、上空離れたところから地上の様子を広く俯瞰し、巨視的に観察しながらネズミなどの餌を探しています。獲物を一旦見つけると、一目散に急降下して手に入れます。

子どもの成長・発達の状況をトンビのように一定の距離をおいて巨視的に捉えます。これは人間としての成長を総合的に理解することです。

さらに、「トンボの目」です。トンボは複眼をもっています。これは子どもを多面的に観察することです。父母、祖父母など複数の人が観察することによって、一人では気づかなかった子どものよさや取り柄が見えてきます。

アリの目で微視的に、トンビの目で巨視的に、そしてトンボの目で複眼的に観ることが子どもを観察する鉄則だと言えます。

8

「木を見て森を見ず」――全体と部分をバランスよく

私たちは、人を観察したり理解したりして判断するとき、一般的に次のような傾向があると言います。まずは、優れたところよりも、課題や問題点などよくないところに目が向きがちだということです。特にわが子をみるとき、「よりよく成長してほしい」という欲や願いがありますから、どうしてももっとよくなってほしいところ、すなわち課題や改善点に目がいってしまいます。やむを得ないことかもしれません。また、心の奥など内面を深く理解するというよりも、振るまいや言動など表面的な目に見えたことから、その人を判断しがちです。見た目で判断することはよくあることです。

さらに、全体を捉えることよりも、一つの発言や行動といった部分を見て、「この子どもは○○○○だ」と判断したり決めつけたりしがちだということです。例えば算数科の計算問題の成績を見て、「この子は算数ができない」「この子は勉強ができない」と決めつけてしまうことです。部分を見て、全体を判断してしまうこともよくあります。

「木を見て森を見ず」という慣用句があります。一本一本の木を見ているだけで、多くの木が構成している森全体を見ていないことを言っているものです。物事や人間など対象の細かな部分のみを観察したり理解したりして、全体の姿を見ていないことを戒めているものです。森は文字のつくりからもわかるように、多種多様な多くの木々から成り立っています。

森は子どもの全体の姿を指しています。木々は子どもの得意分野や課題など様々な側面です。具体的な姿の一部にすぎません。

子どもを観察するとき、一人の人間としてどう成長・発達しているかという全体像を捉える視点と、進歩している具体的な部分や場面を捉える視点の、二つを併せもつことが大切です。一本の木だけを見て、それを子どもの全体として捉えてしまうと、誤った理解や認識や判断に陥ってしまうことがあります。

「木を見て森を見ず」とは、木を見つつ、森全体を見ることの大切さとともに、まずは森全体を捉えてから、木という部分を観ることの大切さの二つの見方や捉え方を説いているものです。全体を観るとは対象を概観することです。全体と部分を相互に関係づけて観る視点は、子どもを観察するときに生かすことができます。

いきなり細かなところを観察して、問題点をあれこれ指摘するよりも、まずは一人の人間としてどのように成長しているのか。全体像を把握しつつ、部分に目を向けるようにします。「木を見て森を見ず」の戒めを受けて、「森を見て木を見る」と言い換えることができます。木を観ることも森を観ることも大切です。

9

授業参観の仕方 ― 学級全体にも目を向けて

学校では年間に何度か、保護者が授業を参観する日を設けています。授業参観日には次のことに留意して、授業を参観するようにします。

多くの保護者は、わが子が授業にきちんと参加しているか。教師の発問や指示にどう反応しているか。授業内容をよく理解しているかなど、どうしても自分の子どもだけに目が向きがちです。授業中に、わが子がつまずいているのを見て、教師の指導を遮ってわが子につい言葉をかけたり、子どもの作業を手伝ったりする保護者もいます。

家庭科の授業でした。エプロンをつくる実習の時間でした。要領よく縫うことができないわが子を見かねて、イライラしたのでしょうか。保護者がわが子のそばに駆け寄って、手伝い始めたのです。親子で授業に参加している姿は微笑ましく見えましたが、担任の先生は他の子どものことを考えたのでしょう。保護者に元に戻るよう促していました。

授業を参観するときには、わが子の学習の様子だけでなく、友だちとどのように学んでいるか。友だちにどのような影響を与えているかなど、友だちとどのように関わり合いながら学習を進めているかについても観察します。このことは、わが子が学級という集団のなかでどのように学習しているかを観察することです。学校は共に学び合う集団生活の場ですから、保護者には友だちとどのように関わり合っているのかについても見てもらいたいものです。

授業参観している保護者の態度がたびたび話題になります。授業中に廊下などで、保護者同士でお喋りすることや携帯電話をかけることは厳に慎みたいものです。終了後に、保護者会などが設定されている場合もありますから、授業を観察した感想や疑問点などをメモしておくとよいでしょう。

授業以外の教育活動を参観することもあります。運動会や学習発表会など学校行事の場で、写真やビデオなどを撮影する保護者もいます。無断で撮影すると、個人のプライバシーや肖像権に触れることになります。学校によっては「写真などを撮影することはご遠慮ください」などと注意喚起する掲示をしています。

授業参観日と言いますから、当日は授業にのみ関心をもって、子どもたちの様子を観察しがちです。この機会に、教室内や廊下などの掲示物にも目を向けます。子どもたちの日頃の活動の様子がわかるからです。学級の雰囲気が伝わってくることもあります。担任がどのような学級をつくろうとしているのか。どのように子どもたちを育てようとしているのかを理解することができます。

10

通知表の見方 ― 進歩の状況を見てやりたい

子どもたちや保護者が家庭で一喜一憂する文書に、学期末に担任から手わたされる「通知表（通信簿）」があります。わが国において通知表が公的に位置づけられたのは、明治24年（１８９１年）に出された公文書だと言われています。通知表は発行するしないを含めて、形式や内容などすべて各学校が決定し作成するものです。学校や地域によって様式はまちまちですが、各教科の成績が観点別に示されていること、行動の様子が記録されていること、出欠の状況を記録する欄があること、他に所見欄があることなど、主な事項はほぼ共通しています。

最近は、ほとんどの小学校で「絶対評価」という評価方法が取り入れられており、通知表の各教科の観点別評価や評定も絶対評価で記録されています。

子どもの学習状況を評価する方法には、大きく絶対評価と相対評価があります。前者は予め設定された目標に照らしてその目標が実現されているかどうかを、一人一人の子どもに即して評価するものです。絶対評価には子どもの努力や頑張りの成果が結果に直接表れるというメリットがあります。そのため、すべての子どもが目標を十分実現していれば、すべてが「A」になるということは理論上はありえます。

絶対評価にはデメリットもあります。目標を高く設定したり、基準が甘かったりすると成績（結果）もそれに連動することです。担任のあいだで目標や評価規準（評定のものさし）を共通にしておかないと、担任によって評価の結果が違ってしまうという問題があります。また、「思考・判断・表現」や「主体的に学習に取り組む態度」の観点は評価規準を明確に示しにくいという問題もあります。さらに、学級という集団のなかでの位置が明確にならないというデメリットがあります。保護者のなかには相対評価による通知表に慣れ親しんできた方も多くいます。そのため「わが子の成績は学級全体のどのあたりなのか」といったことに関心をもつ保護者もいます。

通知表の丸印の位置だけを見て、「よかったね」と褒めたり「もっと頑張れよ」と励ましたりすることがあります。重要なことは、どこがよかったのか。努力すべきことはどこなのかを具体的に指摘することです。このことを子ども自身に気づかせ、次の課題を明確に指し示します。また、前学期と比べて、どう変化したのか。特に進歩したところに目を向けて、これまで努力してきたことを褒め、次の課題を意識させるようにします。

通知表は子どもが学習してきたことのすべての成績を表したものではありません。各教科の学習状況の一部を評定したものです。子どもを成長させる一つの手段として上手に活用したいものです。

11

「ひとつぶ３００メートル」
――子どもの発想を大事にしたい

「ひとつぶ３００メートル」というキャッチコピーをご存じの方も多いでしょう。江崎グリコというお菓子メーカーが発売したおもちゃ付きのキャラメルの箱に印刷された、ランニング姿の男性の脇に書かれたキャッチコピーです。

「ひとつぶ３００メートル」にはどういう意味や願いが込められているのでしょうか。この先を読み進めるまえに、ちょっと考えてみてください。

5年生の子どもたちに「ひとつぶ３００メートル」とはどういう意味かを聞いてみました。すると、子どもたちからは次のような答えが返ってきました。

最も多かったのは、「ひとつぶなめると、３００メートルぐらい走ることができるエネルギーが蓄えられる」「ひとつぶで、３００メートル歩いていくだけの力が出る、栄養のあるキャラメルだ」という回答でした。いずれもエネルギーや力や栄養と結びつけた考えです。順当なところでしょう。しかし、同じようなことを言っていても、その言い方は子どもによって多少の違いがありました。子どもの表現の仕方はじつに多様でした。

「グリコ」からグリコーゲンを連想できますから、多くのおとなはこのような意味あいで答えてくるでしょう。ところが、調査では、こうした内容の回答が8割程度。すべての子どもではなかったのです。子どもとはおとなが考えもしないこと、想像さえしないことを考えるものだと脱帽しました。少数意見ですが、次のような回答があったからです。

「ひとつぶなめて歩き出すと（あるいは走り出すと）、３００メートルくらい行ったところで、口のなかのキャラメルがなくなる」

「パチンコ（Y字型をした二股の木の枝にゴムひもをつけて、小石などを挟んで飛ばす遊び道具。当人は絵を描いて説明する）で飛ばすと、３００メートルぐらい飛ぶのではないか」

　いずれも、普通のおとなは考えつきません。はたまた次のような回答もありました。動作を交えて説明しました。

「キャラメルの紙をはがして、手のひらにのせ、両手で押さえながら左右にぎゅーっと伸ばして引っ張ると、ひとつぶが３００メートル近く伸ばすことができる」

　いずれもその子らしいユニークな意見です。子どもの発想はじつに豊かです。おとなが想像もできないことを考えるものです。いつまでも大事にしたいものです。ところが、子どもは成長するにつれて、豊かな考えが徐々に固定化し、豊かさが無くなっていきます。子どもへのおとなの接し方に何か問題があるのではないでしょうか。

江崎グリコ

12

不思議発見の名人 ―― 素朴な「なぜ」を大切にしたい

子どもたちのまえでリンゴの皮をむき、しばらくそのままにしておきました。すると、「白かったリンゴがどうして茶色に変身したのか」とつぶやいた子どもがいました。皮をむいたリンゴは時間が経つと、やがて表面が変色します。そこから疑問をもったのです。これは知的な好奇心であり知識欲です。子どもは本来、いろんなことを知りたいと思っています。もちろん、「早く食べたいよ」と、食欲をむき出しにしてきた子どももいました。

小さな子どもは、おとなが気にしないことでも、「どうして?」「なぜ?」としつこく問いかけてきます。おとなはどう言うわけか、「あとでね」と無下に対応してしまいます。しかし、多くの場合「あとで」と言いながら、そのままになっているようです。

ラジオの子ども電話相談を聞いていたとき、次のような質問が出されていました。

・ヘビの頭の部分はわかるのですが、全体のどこまでが胴体で、どこからがしっぽですか。
・シマウマのしまは、黒い地肌に白い線が入っているのですか。それとも白地に黒い線が入っているのですか。
・お母さんから「へその緒」を見せてもらいました。これは私のものですか。お母さんのものですか。

・お父さんから「反省の色がない」と叱られました。反省の色ってどんな色ですか。

いずれの質問にも脱帽です。これらのなかには、答えに窮するものもあります。こうした疑問や質問がどこから、何がきっかけになって出てきたのか知りたいくらいです。子どもは不思議発見の名人ではないかとさえ思います。小さな子どもほど、世の中の不思議さを感じ、発見する名人ではないかと思われます。それらの多くはおとなが感じない、気づかない疑問です。

ところが、あれほど「どうして？」「どうして？」と聞いてきた子どもがある頃から聞いてこなくなります。これはどうしてでしょうか。聞いてはいけないことだと悟ったのか。どうせ聞いても答えてくれないと思っているのか。それとも、疑問を感じなくなったのか。自ら解決したとはとうてい思えません。

社会においては、素朴な疑問から新しいものが創造されると言います。小さい頃いろんなことに疑問をもったことが、そのうちおとなの受けとめ方、接し方が影響して消え失せてしまうとしたらじつにもったいないことです。素朴な「なぜ」を大切にし、「はてな」に真摯に向き合い、誠意をもって接することが子どもの発想力や創造力を伸ばすことにつながるのではないかと考えます。

13

「反抗するのは自由だ」——自由をはき違えていないか

やや古いデータですが、日本青少年研究所が平成8年（1996年）に実施した調査に次のような結果がありました。アメリカと中国と日本の高校生を対象に、規範意識について調査したものです。

○「先生に反抗するのは、生徒の自由である」に「そうだ」と回答した割合

・アメリカが14％、中国が19％でした。それに対して、日本は78％でした。

○「親に反抗するのは、子どもの自由である」に「そうだ」と回答した割合

・アメリカが17％、中国が15％でした。それに対して、日本は83％でした。

いずれも日本の高校生は、教師や親に反抗するのは「自由だ」と認識している割合が際立って高くなっています。同じ質問を私が勤務した大学の学生に行ったところ、結果はほぼ同様でした。こうしたアメリカや中国と日本とのズレはどこから生じているのでしょうか。どうしてこのような違いがあるのでしょうか。

日本の高校生は、学校で勉強を教えてくれている教師に対して、また家庭で世話をしてくれている親に対して、どうして「反抗するのは自由だ」と受けとめているのでしょうか。

背景には、日本とアメリカや中国の子どもの育て方に違いがありそうです。日本では、

親を親と思わない生徒、親とはどのような存在なのかを知らない生徒が育っているのかもしれません。あるいは「自由とわがまま」をはき違えていることも予想できます。

自由とは、『広辞苑（第六版）』によると、「一般的には、責任をもって何かをすることに障害がないこと。自由は一定の前提条件の上で成立しているから、無条件的な絶対の自由は人間にはない」と説明されています。一方、わがまま（我儘）とは「相手や周囲の事情をかえりみず、自分勝手にすること」であり、「自分の思い通りになること」を言います。

自由に近い言葉に「放任」があります。子どもは自分の思いどおりに振るまうことを自由だと捉え、保護者は一定の前提や条件なく行動させること、子どもに好き勝手なことをやらせることが自由だと勘違いしているとすれば大きな問題です。子どもに親や教師がどのように接してきたか。行動をどの程度制約してきたか。また、してこなかったかが、本調査の結果の背景にあるようです。

こうした子どもたちがやがて成長して親になったとき、どのような子育てをするようになるのでしょうか。「親に反抗するのは自由だよ」と躾けるのでしょうか。相田みつをは「育てたように子は育つ」という言葉を残しています。将来を見据えて、今、子どもを育てていることの意味を改めて考えたいものです。

14

意欲とやる気をどう育てるか
――ポイントは内発的な動機づけ

「子どもにやる気を起こさせるには、どうすればよいのでしょうか」。保護者だけでなく、教えることを職業にしている教師からもたびたび出される悩みです。

漢字の書き順や計算の仕方を上手に教えれば、子どもは習得します。ところが、学ぶ意欲は、教えても身につきません。「勉強しなさい！」「テストで１００点をとるまで頑張りましょう」などと叱咤激励しても、子どもがその気にならなければ動きだしません。意欲はその子どもの心のうちに生まれる、何かをしようと思う意思や気持ちだからです。

子どもは外部から何らかの「刺激」（外発的な動機づけ）が与えられると、意欲を示すことがあります。これには、「テストで１００点とったら、好きなゲームソフトを買ってあげるよ」といったご褒美を与える方法と、逆に「70点以下だったら、お小遣いを減らすよ」といったバツを与える方法があります。褒美やバツは子どもにとって外部からの刺激です。褒美がもらえると、子どもは頑張ります。しかし、目的がテストで１００点とることではなく、褒美をもらうことにすり替えられてしまいます。また、バツを与えられると、それを避けようと努力します。そのため、褒美やバツが無くなると、そのうち努力しようという気持ちが低下していきます。

外発的な動機づけ（刺激）は一時的に効果を上げることはありますが、長つづきしないところに問題があります。ただ意欲を育てるきっかけにはなります。

次に、内発的な動機づけです。子どもは本来もっとできるようになりたい。よりよく学びたいという欲求をもっています。それをどう引き出すか。ここにポイントがあります。学ぶ意欲があるとは単に「算数ができるようになりたい」「跳び箱が跳べるようになりたい」といった思いや願いをもつだけではありません。それを実現させるために、実際に行動しようとする意志をもつことです。

意欲を育てるとは、一人一人に自信をつけ、やる気を育てることです。そのためには、まずできるようになったことやわかるようになったことなど進歩の状況や努力の成果を見いだし、積極的に評価します。それを子どもに伝えます。子どもは認められると、これまでの頑張りに自信をもちます。これからの意欲につながります。

そのあと、これからどのようなことに努力するのか。次に取り組む課題が明確になると、その実現に向けてさらに努力しようとする意志が働きます。ただ、次の課題のハードルが高すぎると、やる気が削がれ、低すぎると気持ちが高まりません。次の課題を子ども自身が見いだすようになればしめたものです。

15

学習意欲を高めるコツ ― 先の見通しをもたせる

保護者は誰でもわが子が意欲的に学習に取り組むようになってほしいと願っています。意欲ややる気をどのように育てるか。このことはいつの世も課題になっています。「100点とったら、好きなものを買ってあげる」など、目標を達成したら、何かご褒美を与える方法もあります。しかし、馬のまえにニンジンをぶら下げる方法では、ご褒美があるうちはやる気を起こしますが、無くなると途端に意欲を無くします。逆にバツを与える方法も考えられます。しかし、バツが与えられるからやるのは、子どもに意欲があるからではなく、恐怖心があるからです。教育的な手だてとはけっして言えません。

子どもの意欲を高めるためのヒントを私の経験をもとに示しましょう。

私の趣味は旅行をすることです。目的地が決まると、次のような段どりでスケジュールを立てます。まず、目的地ではどこの文化財や景勝地を見学するか。見学コースを決めます。次に、いつ出かけるかを決めます。日帰りか、一泊か、それとも二泊できるのか。日程は仕事の予定を考慮して決定します。そして、日にちが決定したら、宿泊先や交通機関を予約します。これらの都合によっては、コースが変わることもあります。

計画や準備が整っていくと、旅行のイメージがより豊かになり、旅行に対する興味・関心や意欲が高まっていきます。「早く行きたい」という気持ちが醸成されていくからです。

計画を立てることを段どりを立てるとも言います。これからどのようなことをどのように行うのか。人間誰でも見通しがつき、先のことが見えてくると、意欲が高まってきます。

子どもが学習に取り組む場合にも同様に、いつも周囲から次に何をするのかを指し示してやらせるのではなく、子ども自身に学習計画を立てさせるようにします。学習計画は、週単位などある程度の幅をもって立てさせます。その際、スケジュール表など計画の内容を目に見えるようにします。計画の実施状況を点検し、結果をメモする欄を設けておくとよいでしょう。学習計画表はいつでも見ることができるように、机のまえなどに掲示しておきます。

最初のうちは保護者のアドバイスが必要です。無理や無駄のないもの、実際にやり遂げられるものであることがポイントです。目標を低くし、「やればできる」「やってよかった」といった成就感や達成感を味わわせます。その後、徐々にハードルを上げ、子ども自身に任せる部分を多くしていきます。

先の見通しをもたせることは、子どもの学習意欲を高め、やる気を育てる重要なコツだと言えます。

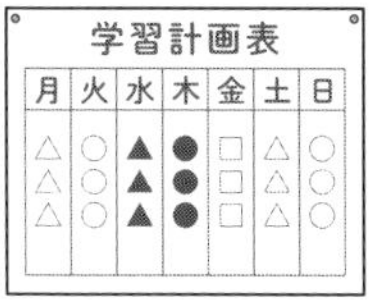

16

得意分野を見つけ伸ばす ―― 好きこそ物の上手なれ

広島県生口島の瀬戸田町にある画家の平山郁夫さんの美術館を訪ねたことがあります。そこには、郁夫さんがまだ小学生だった頃の絵が展示されていました。子どもの頃から絵を描くことに興味と関心をもち、取り組んでいたのです。また、子どもの頃から鉄道に関心をもちつづけた子どもが、その後地域を走っている鉄道会社（兵庫県の北条鉄道）に就職して、会社の建て直しに貢献したという話を聞いたことがあります。

「よさや可能性を見いだし伸ばす」というフレーズは、これまでもたびたび耳にしてきました。ところが、何がよさなのか。どのような可能性があるのかをなかなか見いだせないのが現実ではないでしょうか。ましてその子どもの得意とする分野に気づくまでには、時間がかかるだけでなく、子どもを観る目や子どもへの関わり方が問われそうです。

人間には誰にでも、何らかのよさや取り柄があります。それはその人の得意とするところです。個性として捉えることもできます。子どもの得意分野を見つけるには、自由に活動させる方法があります。おとなはただ見守っているだけです。子どもが取り組んでいることや、見つめている先に、独自の関心事や得意分野があるかもしれません。子どもの本能は好きなことに目が向き、やりたいことに取り組むからです。

「好きこそ物の上手なれ」という慣用句があります。何ごとも好きなもの（こと）には時間を忘れて熱中しますから、あるいは飽きずに努力しますから、それだけ上達していくのが早いという意味です。この慣用句はすべての子どもに当てはめることができます。子どもは今、何に興味や関心をもっているのか。好きなことは何か。これらが将来得意分野につながっていく可能性があります。これはこだわっているもの（こと）であり、固執し執着しているもの（こと）でもあります。

　子どもには、他の子どもには見られない、その子らしいところがあります。その子ならではの持ち味です。それはよい意味ではみ出していることです。他の子どもと同じであってほしいと願っていると、他の子どもと違ったはみ出しをよさや可能性として気づくことはできません。

　鉄棒が得意だ。楽器の演奏がうまい。絵画コンクールで金賞を受賞した。宇宙のことなら何でも知っている。小さな子どもに教えることが上手だなど様々な視点や側面から、何か一つの持ち味を見つけることができます。お年寄りに親切に接することができる。辛くても我慢できるなど性格面のよさもあります。

　子どもの得意分野とは、他の子どもと比較して優れているところではありません。その子どもにおいて特に優れているところです。

17

叱るより褒めて育てる ―― やる気と自信をつける

人に教えることと比べて、人を育てることは難しいことです。知識や技能は分かりやすく、繰り返し教えることによって身につけさせることができます。ところが、意欲ややる気、能力などは、その人自身がその気にならなければ育っていかないからです。水を飲ませようと水の入ったペットボトルを用意することはできますが、実際に水を飲むのはその人自身です。その人に、水を飲もうとする意思や意欲と行動力がなければ、飲む行為は実現されません。

「意思や意欲と行動力」といった他人の目には見えない資質や能力をどう育てるか。その一つに「褒めて育てる」ことがあげられます。

人間は誰でもさらに進歩したいという向上心やよりよく生きたいという欲求があります。向上心や欲求を引き出し、向上させたいときには、叱咤激励するよりも、褒めることのほうが効果的だと言います。褒められていやな気持ちになる人はいないでしょう。悪いところを指摘されるより、褒められるほうがはるかに心地よく、やる気がでてきます。気持ちを高揚させる「善玉のアドレナリン」が分泌されるからかもしれません。

ただ褒められてもそのことを実感できない場合があります。縄跳びの二重跳びが以前からできる子どもは、「上手に跳べるね。よく頑張ったよ」と褒められても、それほど嬉しく思いません。頑張った事実がないのに褒められているからです。3回しか跳べなかった子どもが5回跳べるようになったとき「回数が増えたね。よく頑張ったよ」と言えば、子どもの気持ちは大きく違います。努力したことが認められたからです。進歩の状況や努力の証しに目を向けることがポイントです。

「ここが駄目だから、もっと頑張れ」と叱咤する言い方があります。しかし、「ここがよくできているから、さらに続けなさい」と承認され激励される言い方だと、誰でも自信をつけ、やる気を出します。日本語には「いいね」「その調子でいいよ」「素晴らしいね」「頑張ったね」など、その人に同意し、人を元気づける言葉（褒め言葉）がたくさんあります。これらの言葉をうまく使いながら、子どもを育てていきたいものです。

子どもを褒めるポイントは、進歩の状況や努力の様子を時間軸で捉えることです。時間軸とはこれまでと比べて今の状況を捉えることです。子どもを時間軸で観ると、子どもの成長に目がいきます。子どもの何を褒めるのかが明確になってきます。進歩した事実がないのに、「よく頑張ったね」と言われても、子どもは正直に受け入れてはくれません。大事なことは進歩と成長の事実です。

二重とび表

日	1	2	3	4	5	6	7	8	9	10	11
回	1	0	2	1	4	10	8	20	10	25	25

18

逆境に立ち向かう ― ポジティブに楽しむ心のゆとり

ジョギングをしているとき、後ろのほうから風が吹いてくると、走り手は風の助けを受け、多少なりとも楽に走れるようになります。順風とか追い風という言い方は、物事が順調に進むたとえとして、いろんな場面で使われています。

飛行機が飛び立つときはどうでしょうか。風に向かってテークオフしていきます。揚力が働くからです。揚力とは、流れる気体のなかを動く物体に対して、それが動く方向と垂直の上向きに作用する力のことです。飛行機の機体を浮かせ、飛び上がらせる力です。飛行機は向かい風のなかでも、精一杯の力を出し、揚力を高めていきます。飛行機が離陸していく様子を見ていると、向かい風という逆風に力強く立ち向かっていく勇者を連想します。

私たちは日常生活において様々な逆境な場面に出会うことがあります。逆境は、物事が思うようにならず、苦労が多い境遇を言います。反対語は「順境」で、恵まれた幸せな境遇のことです。順風満帆とは、海上で追い風を帆一杯に受けて舟が突き進んでいることで、何の問題やトラブルもなく、物事が順調に進んでいく様子を言います。私たちの毎日もそうあってほしいところですが、そうはいきません。私たちは毎日多種多様な問題場面に出会っています。私たちは毎日様々な問題や課題に直面し、一つ一つ解決しながら生きています。たやすい問題もあれば、困難な問題もあります。人生は毎日が問題解決の連続です。

逆境に直面したとき、それへの対処の仕方に、その人の真意や本音が表れます。人間性が見えてきます。大変なことになったと身構えてしまう人、あたふたして平常心を保てなくなる人、初めから避けようとしている人、他人に責任を転嫁しようとしている人など、ネガティブな姿勢になる人がいます。逆に、逆境の場面を楽しんでいる人、逆境を利用しようとしている人、逆境に立ち向かい、成果を生み出す人など、逆境を好機として捉えている人もいます。逆境を一段と飛躍するチャンスと捉え、逆境を順境に変えています。

「有事人生（事有るが人生）」と言います。善いことや大変なことなどいろんなことに遭遇するのが人生だということです。善いことはもとより、一見悪いことと思えても、それが人生であり、それを前向きに捉えれば、善いこととして思えるようになります。逆境を乗り越えたときには、何とも言えない充実感や達成感を味わいます。そして、人間として一段と成長していることに気づきます。

　ピンチ（逆境）をチャンスと捉え、あえて逆境に立ち向かい、逆境を楽しむ心のゆとりをもちたいものです。子どもにも、何ごともポジティブに受けとめる姿勢で、逆境に立ち向かう気概をもたせたいものです。

19

四つの「識」―― 行動できるようにするステップ

社会で起こっていることをつい他人ごととして受けとめ、自分のこととして考え捉えることができない場合があります。自分のこととして捉えられないと、その後の行動が遅れてしまうことがあります。

近年、わが国では風水害や土砂くずれ、地震、火山の噴火など自然災害が多発しています。災害の発生が予想されるときには、行政機関が避難するよう呼びかけています。ところが、その後公表された実際に避難した人の数や割合を見ると、けっして高くないのが現状です。行動に移されていないのです。ここでは、こうした問題を解決する方策を四つの「識」で考えます。

まずは、自分が住んでいる地域で起こりうる自然災害を知り、自然災害の怖さを実感することです。これは自分が災害の起こる地域に住んでいることを受け入れることです。自分が遭遇する可能性があることを「認識」することです。この段階でブロックしてしまうと、これよりまえに進むことはできません。認識することが第一ステップです

次に、認識することによって、知ったこと、気づいたことが「知識」になります。知識を習得することが備えへの第一歩です。例えばハザードマップからこの地域は土地が低

く、大雨が降ると、洪水が起きること、近くの川が氾濫すると、家にまで川の水が押し寄せてくることなどの知識を身につけます。知識は判断のよりどころになります。そのためには正しい知識をもつことが何より重要です。正しいかどうかを見きわめる判断力が求められます。誤った知識やデマ、中傷はもっての外です。

また、一旦「知識」を身につけると、これまで無関心であったことや気にしていなかったことを「意識」するようになります。意識するとは対象に対して気にかけることです。豪雨のとき、この地域は大丈夫だろうか。万一のとき、どこに避難しようかなどと考えることです。これまで関心をもっていなかったことに関心が向き始めたとき、習得した知識を意識するようになったと言えます。

そして、特別のこととして意識せず、当たりまえのこととして定着することが「常識」になった状態です。知識が生活のなかに溶け込み、常識として受けとめるようになることが当面のゴールです。

想像を絶する事態や課題に遭遇し、それらの解決や挑戦が求められたとき、どうしても拒否したり排除したり、さらに逃避したりしがちです。これからの社会において新しい課題に挑戦するときには、「認識→知識→意識→常識」のステップを踏まえることにより、特別なことを当たりまえのことと捉え、自分の責任で行動できるようになります。

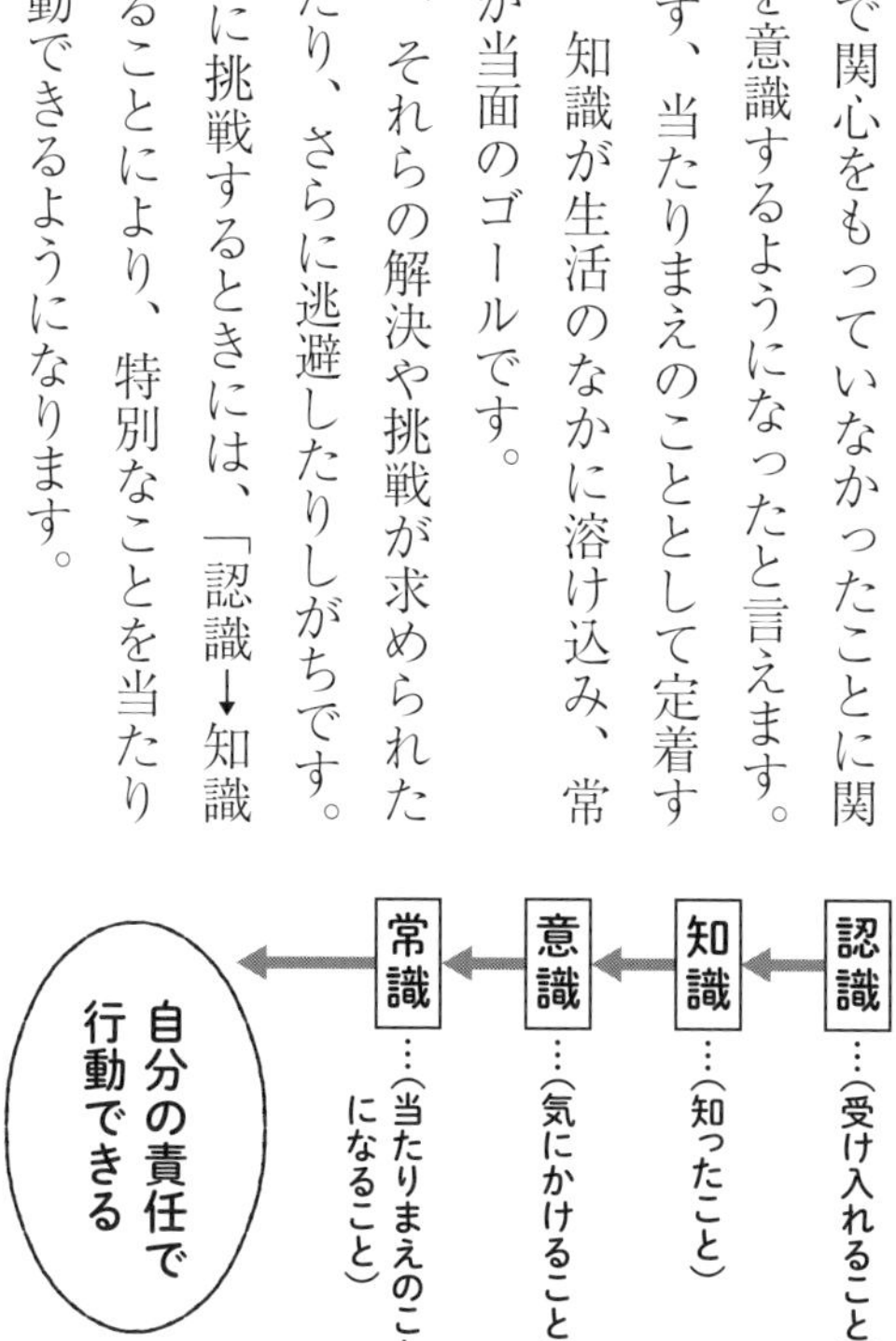

20

「乾電池を替えるんだ」──死について考えさせたい

産経新聞に、生き物の「死」に関わる記事が紹介されていました。その内容を要約（一部補足）すると、次のとおりです。

小学1年生の和也君（仮称）は、家でカブトムシを飼っていました。毎日餌をやり、大切に世話をしてきました。あるとき、お母さんの所に来て「お母さん。カブトムシが動かなくなったから、お金ちょうだい」と言いました。お母さんは「カブトムシが動かなくなった」と聞いて、一瞬びっくりしました。カブトムシが死んでしまったと直感したからです。同時に、新しいカブトムシを買いにいくと思い、少し心配になったのでしょう。確認するために、「いいわよ。だけど、（新しいカブトムシを）どこで買うの」と聞き返しました。すると、和也君は「近くのコンビニ」と答えました。お母さんは、「どうしてコンビニに行くの」と切り返しました。カブトムシはコンビニには売られていないと思ったのでしょう。和也君から、「うん。電池を買ってくるんだ。カブトムシの電池を替えてあげるんだよ」と返事が返ってきました。

記事から、和也君とお母さんがどれだけ切実感と緊張感をもってやり取りしたかは伝わってきませんが、飼っていたカブトムシが死んでしまったので、生き返らせるために、乾電池を買いにいきたいと、和也君がお母さんに訴えていることは事実です。

死んでしまったカブトムシを生き返らせたいという気持ちは大切です。しかし、和也君は死とはどういうことかを認識していないようです。一旦死んだ生き物を再び生き返らせることは無理です。

犬や猫などのペットを飼っている家庭があります。鳥を飼ったり虫を育てている家庭もあるでしょう。草花など植物を栽培している家庭もあるでしょう。私たちは生き物を飼育したり栽培したりする体験から、生きるために何が必要か。生きるとはどういうことかを学ぶことができます。飼う側の責任の重さや、その責任を果たすことの大切さに気づく貴重な機会にもなります。

生きている物は私たちを楽しませてくれたあと、時期が来ると必ず死を迎えます。美しい花が咲いたあとには、種子や球根など子孫を残して枯れていきます。こうした現象は生き物の宿命です。

先に紹介した和也君はカブトムシの死に遭遇しました。近年、核家族化が定着して、祖父母の死に際に接しない子どもも多いと聞きます。生き物の生と死について正しく認識させるには、生き物の飼育や栽培をとおして生きていることを実感させます。そして、死に直面したとき、その意味を考えさせるようにします。

21

直接体験のすすめ ― 体験は成長の通過儀礼

今の子どもたちは自然体験や社会体験をはじめ、文化的な体験が不足していると言われています。こうした様々な経験や体験が人格の形成にとって重要な役割をもっていることはこれまでたびたび指摘されてきました。

次のような笑えない事例があります。ある子どもに「花に肥料をあげなさい」と指示したときのことです。私たちおとなが普通に考えれば、花そのものではなく、植物の生えている土の部分に肥料を撒くのですが、その子どもは美しく咲いている花に肥料を直接与えたそうです。これでは花がかわいそうです。「花に肥料を与える」ということの意味が理解できていなかったようです。過去に肥料を与えた体験が無かったのでしょう。

また、通りを歩いていていたとき、キンモクセイの香りがしてきました。そのとき、子どもたちは一斉に「ああ、トイレのにおいだ」と言ったそうです。子どもの個性だと言ってしまえばそれまでかもしれませんが、どこかおかしい反応です。トイレの芳香剤のにおいを先行して体験し、事前にキンモクセイの本物の香りを嗅いだことがなかったのかもしれません。

山にキャンプに行ったときです。満天の美しい星空を見たとき、子どもたちは「プラネタリウムみたいだね」とつぶやきました。子どもたちはすでに星空のイメージを先行して習得し、体験で身につける実像が後追いしているのです。

これらに類似したことには、卵の殻を割ることができない。ナイフでリンゴの皮を安全にむけない。コオロギなど虫を手でつかめない。キャンプで火を起こすことができないなど、現代の子どもたちの体験不足の事例には枚挙にいとまがありません。

今の子どもたちは、ゲームなどでバーチャルな疑似体験を多く行っています。図鑑やテレビ、インターネットなどで得た知識は多くもっています。ところが、直接体験し、体験をとおして身につけた知識や知恵が不足している傾向が見られます。

体験は成長の過程で行うことに意味があります。特に活動期と言われる小学生の時期には、その子どもに合った様々な自然体験や社会体験、文化的な体験を通過儀礼として味わわせます。子どもは、「成すことによって学ぶ（Learning by doing）」からです。

直接体験は人間として成長していくうえでの重要な発達課題であり、重要な通過点であると言えます。小学生の時期にしっかり体験させておかないと、成長してからでは遅いということにもなりかねません。体験の機会が少なくなったと言われる現代の社会において、改めて直接体験することの意義を確認したいものです。

22

「転ばぬ先の杖」――時には転ぶことも大切

「転ばぬ先の杖」ということわざがあります。しくじらないように、事前に十分な用意や準備をしておくことが大切だということです。「備えあれば憂いなし」と類似表現です。私たちの人生は毎日が問題解決の連続です。すべての問題場面に十分備えることができればよいのですが、「すべての場面に」ということはまず無理でしょう。問題場面に遭遇したときやつまずいたとき、どう対処するかが問われます。こうした場面から逃げ出しては主体的に生きているとは言えません。長い人生においては挫折を味わうこともあります。

兄弟姉妹の人数が少ないこと、保護者の養育に対する価値観が多様化してきたこと、社会の環境に不安が見られることなど、保護者の子育てに変化が見られるようになってきました。その一つに、子どもに必要以上に深く関わるようになったことがあげられます。過干渉とか過保護などと言われています。

いつもおとなが先回りして、問題を解決してしまったり、子どもがつまずかないように事前に「杖」を差し出したりすることが本当に子どものためになるのでしょうか。子どものためによかれと思って行っていることが、じつは子どもの自立的な成長を妨げたり、素直な思いや願いを早期に摘み取ったりしていることが少なくありません。

学校への登校時に、傘を持って行くかどうか、迷ったとき、親は「今日は雨が降りそうだから、傘を持って行きなさい」と助言することがあります。もし下校時に雨が降っていなかったとき、「お母さんは『持って行きなさい』と言ったけど、雨は降らなかったじゃないの」と非難されることがあります。気象情報などをもとに持って行くかどうかを子ども自身に判断させれば、その結果の責任は子ども自身にあります。傘を持参しなかったとき、もし下校時に雨が降っていれば、友だちと一緒に帰る。学校で借りる。家に電話をかけるなど解決策を自分で考えるでしょう。

子どもの生活のなかで、ときには子どもが転ぶことも必要ではないでしょうか。「転ばせる教育や躾があるのか」と言われそうですが、転ぶとは「失敗」を味わうことです。私たちは失敗を繰り返しながら成長していくものです。「失敗は成功の母」と言います。親があまり先回りし過ぎると、子どもの成長の芽を摘んでしまうこともあります。失敗させない教育は向上しないと言われています。現状のままに留まっているからでしょう。

失敗させる程度がポイントです。少し努力すればクリアできるもの、少し工夫することで成功するものがよいでしょう。スモール・ステップで適度な失敗を体験させます。再度挑戦させ、達成感と自信をもたせます。自らの成長や進歩の証しを実感させます。

23

「おふる」の話 ― ものを大切にする心を培う

今や死語になりつつある言葉の一つに「おふる」があります。おふるとは漢字で「御古」と書きます。目上の人が使いふるしたものや他人がすでに使ったものを言います。

「おふる」と聞いて思い浮かべるものに教科書があります。教科書が今のように無償で給与されるまでは、各家庭が教科書を購入していました。兄弟や姉妹がいる家庭では、少しでも家計の負担を減らすため、兄や姉が使った教科書を弟や妹が譲り受けていました。

兄や姉は、翌年度以降に弟や妹に譲ることを見越して、教科書の表紙をやや厚めの紙でカバーをして使っていました。教科書に文字などを書いたり折り曲げたりすることは決してしませんでした。まして教科書を放り投げることは厳禁でした。1年間大切に使い、弟や妹に譲っていました。教科書が無償で給与されるようになると、こうしたよき習慣は無くなりました。

おふるには、教科書のほかに、衣類や靴、三輪車や自転車、遊び道具など様々なものがありました。ものが今のように豊富ではなかった時代には、おふるを使うことが当たりまえのことでした。次男や次女は長男や長女が使ったものを使うことが当たりまえでした。これを「御下がり」と言っていました。

こうした経験をとおして、子どもたちはものを大切にすること、最後まで使い切ることが日常生活のなかで身をもって躾けられていたのです。こうした風景は、ものの豊富な現代社会ではほとんど見られなくなりました。まだまだ十分に使えるものが捨てられています。「もったいない」という言葉の意味を改めて指導する必要がありそうです。

読売新聞（平成24年12月1日付）の投書欄に「雑巾に昇格」という言葉が紹介されていました。使い古して汚れてしまった台布巾は普通捨ててしまいます。ところが、雑巾に昇格させるというのです。「たくさん働いた雑巾が一番偉い」というのです。通常は「雑巾に降格」というところでしょう。投稿者の優れた言語感覚とものを最後まで大切に使おうとする気持ちが伝わってきます。

かつて使用された1年生の道徳教材「あおい　じてんしゃ」（赤堀美喜夫作、文溪堂）では、お母さんに「新しい自転車を買ってあげるよ」と言われたにもかかわらず、それを断り、お兄さんから譲り受けた自転車を大切に乗りつづけようとするあきら君の心境と行動が語られています。ものを大切に使うことの大切さに気づかせる教材として、道徳の時間に活用されてきました。

ものの豊かな時代だからこそ、子どもたちにものを大切にする心を培うことをさらに重視したいものです。

24

言語活動の役割
――知的な活動を促し、よりよい社会をつくる

私たち日本人のほとんどは、「日本語」という母語を身につけています。母語とは、幼児期から自然な状態で習得してきた言語のことです。

私たちは言語をとおして、物事を深く理解したり、その意味などを論理的に考えたりすることができます。言語は知的な活動を行うためになくてはならない大切な道具です。言語は自己を表現するときの道具でもあります。知的な活動を促す言語は、人間として人格の形成に大きく貢献しています。言語には自己を確立させるという重要な役割があります。

言語活動には、文字や文章を読む、聞く、話す、書くの四つの活動があります。赤ちゃんは誕生とともに、言語に触れながら成長していきます。誕生直後に接するのは、聞く活動です。乳児は周囲の人の声や物の音を聞きながら学習し、それらの名称や欲求の表現方法を徐々に身につけていきます。誕生のまえにもすでに胎内で母親の心臓の音を聞いていると言われています。子どもがまだ幼いころには、わらべうたや童謡を歌って聞かせたり、童話を読み聞かせたりします。子どもは聞きながら、耳の感覚が研ぎ澄まされていきます。たとえ意味を十分に理解していなくても、それぞれに情景を想像し、膨らませていきます。

言葉は子どもの心の奥にしみ入り、記憶として蓄積されていきます。

言語活動の四つのうち、聞くことが最も重要ではないかと思います。聞く活動は情報や知識を収集する「インプットの活動」です。読むことによって知識を増やし理解を深めることができますが、こうした活動は文字を習得してからになります。これらの活動が展開されないと、話す、書くといった「アウトプット」の表現活動はできません。

自己と多くの他者によって、社会や集団が構成されています。私たちは言語によって、相手の言い分や考え方などを理解することができます。自分の言い分を相手に伝えることができます。言語はコミュニケーションを図るために無くてはなりません。言語という道具（ツール）を使って、よりよい社会を考え、みんなでつくっていくことができます。子どもたちに語彙力をつけ、言語を使ったコミュニケーション力を発揮させることは、自己の確立を図り、他者と関わる力を身につけるとともに、社会と関わり社会を形成する力をはぐくむことにつながります。

家族のあいだでは言葉が省略されることがあります。例えば「あれ」「これ」「それ」といった指示語を多用する傾向があります。家庭においても「聞く・話す」活動を意識して展開し、子どもが話してくることには耳を傾け、丁寧に対応したいものです。

25

何げないひと言 ― 発した本人の心も傷つく

学校では、家庭や保護者に教育の考え方や教育活動の様子を知らせるため、「学校通信」を発行しています。次に紹介するのは、退職を控えた校長が「学校通信」に書いた一文です。

「あのときから30年余りもたつが、今でも新巻の鮭を見ると、パックリと開いた傷口に塩をなすりこまれたような痛みを覚える。当時、私は3年生の担任だった。放課後、子どもたちと書き初めや図画などをならべはじめた。その中にひときわ目だった大きな画用紙があった。それはS君が提出したものだった。誠にすばらしいもので感動的な作品であった。

『すごい。本物みたいだね。』

目の大きなS君の顔には、やったぜという得意そうな表情が浮かんだ。だがこのあとのひと言がいけなかった。

『お父さんに手伝ってもらったの？』

S君のお父さんは、私の尊敬する画家であった。S君の顔はみるみるゆがみ、憎悪とも思えるまなざしで私をにらんだ。私は懸命に弁解し、謝ったが、すべてあとの祭りであった。たったひと言で信頼関係が崩れてしまった。子どもの人格を深く傷つけた取り返しのつかないひと言であった。」

言葉は人を勇気づけます。逆に、内容や言い方によっては、相手の心を深く傷つけてしまうことがあります。この校長は、退職をまえに過去の過ちを思い出したのでしょう。それも30年もまえのことです。

「お父さんに手伝ってもらったの?」という、何げなく発したひと言がS君を傷つけてしまったのです。

さらに考えたいことは、この校長は30年もまえのことを今も鮮明に記憶しているという事実です。そして、退職の間際にそのことを保護者に告白した真意です。「お父さんに手伝ってもらったの?」のひと言は、確かにS君の心を傷つけました。と同時に、このひと言は校長自身の心をも傷つけたのではないでしょうか。30年間という長い時間が経っても、忘れられない苦い「思い出」として、ずーっと気になっていたのでしょう。校長は加害者ですが、同時に自ら被害者にもなっていたのです。

言葉には人を元気づける役割がありますが、内容や使い方によっては人の心を傷つける「凶器」になりうることを肝に銘じておきたいものです。退職直前の「学校通信」に寄せた一文から、私たちが発する言葉には、たとえ何げない軽いひと言であっても、当人や周囲の人たちにとって想像を超える重い意味をもつことがあります。

26

騒音は害毒(?)——心地よい音は人を育てる

私たちの身の回りにはさまざまな音が発生しています。電車や自動車の走る音、真上を飛ぶ飛行機の音、工事現場の音などは騒音です。いつまでもつづいていると、つい気持ちがイライラして、他人に当たったりします。落ち着きも無くなってきます。

一方、美しい音楽や川のせせらぎや波の寄せる音が聞こえてくると、心が和み癒されます。目をつむって聞いていると、心がゆったりして情緒も安定してきます。波やせせらぎの音だけのＣＤもあると聞きます。

畜産農家の人が乳牛に生乳をたくさん出させたり、美味しい肉をつくったりするために、畜舎（家畜小屋）のなかにモーツアルトなどの名曲を流して、牛に聞かせているという話を聞いたことがあります。心地よい音は、生き物に共通して、よい影響を与えるようです。

ある実験です。ハツカネズミを二つのグループに分けました。一方には心地よい音楽を聞かせました。もう一方には、騒音である地下鉄の電車が走る音を流し続けたそうです。すると、後者の「騒音」を聞かせられたハツカネズミはストレスが溜まったのか、胃潰瘍になってしまったというのです。「騒音」によって精神がイライラし、それが胃に異常なストレスを与えたのでしょう。騒音が「害毒」になったのでしょうか。

私たちは誰でも心地よい音楽を聞くと、心が落ちつきます。逆に、騒音のなかにいると、心がイライラし、そこから早く抜け出したくなります。

ただ難しいことがあります。それは、同じ音楽でもその感じ方は人によって異なる場合があるということです。ピアノで演奏する同じ音を聞いていても、心が穏やかになる人もいれば、「うるさい」と怒鳴ってくる人もいます。しかし、一般的には美しい音楽には人の心を和ませる役割があります。

このことは何も音楽に限りません。言語による音声の場合にも同じことが言えます。子どもの躾や教育において、「だめじゃないか」「こんなこともできないのか」といった、耳障りな言語を発することがあります。聞く側からすると、こうした言語は地下鉄の音と同じように、騒音として聞こえるでしょう。逆に、心地よく感じる音や言葉、心を和ませる音や言葉は、子どもをよりよく成長させるようです。私たちおとなでも聞くに耐えないガミガミした言葉は、やる気を損なうどころか、人の心を傷つけることがあります。特に人権を侵害するような言葉の暴力は論外です。

子どもを健全に育てるには、音楽や言語などの環境に目を向けるのも一つの手だてだと言えるでしょう。

27

褒めるコツは「さ行」
――自信をつけ、やる気を引き出す言葉

人間は褒められていやな気持ちになる人は誰一人としていません。叱られるより、褒められる方が心地よく嬉しくなります。「やってよかったな」と充実感を味わい、「これからも頑張ろう」とやる気が出てきます。褒め言葉は自信をつけ、やる気を起こさせる「善玉のホルモン」です。人を褒めるという行為は、人を成長させる「特効薬」だと言えそうです。

褒める行為は具体的に言葉で行われます。自信をつけ、やる気を引き出す元気の出る言葉かけとはどのようなものでしょうか。

まず、その人の行為にどのような価値や意味があるのかを見いだし伝えることです。仮にネガティブなことや欠点であったとしても、その行為の見方を変えたり本質を捉えたりして価値づけたり意味づけたりします。例えば「〇〇君はいたずらばっかりする子だと思っていたんだけど、じつは心が優しく、誰にでも親切にしているんだね」といった言葉かけです。

次は、子どもの発言に対するリアクションの仕方です。子どもの言動に対して「でも、これはどうなの」「だって、これはこうだったでしょ」「どうせ、こうだから」といった言い方は子どもの意欲を阻害します。「でも」「だって」はそれまでの内容に対比する言葉で

す。ときには反対したり否定したりすることもあります。それを聞いた子どもは心にバリアをつくり、「どうせ、自分は駄目なんだ」と思い込んでしまいます。まずは「よく頑張ったね」と認め、「これからもその調子でね」と励ますようにします。

子どもの育て上手な言葉かけには、「さ行」（さ・し・す・せ・そ）の文字のついた言葉を発しているという共通項があります。

・「さすがだね」…あなたがやっただけのことはあると、行為を承認することです。
・「失敗してもいいよ」…完成を求められないと、安心感が生まれて心が楽になります。むしろ、失敗しないようにしようという気持ちが高まります。
・「すごいね」「素晴らしい」…高く評価されることは嬉しいものです。自信がつきます。
・「成長したよ」…進歩の状況を認められると、さらに頑張ろうとやる気が生まれます。
・「そうだね」「そのとおりだよ」…同調され、共感的に受け入れられると、一体感が生まれ、心が安定します。

子どもの今の状況を受け入れて共感し、そのうえで認め、さらにやる気をもたせる言葉が「さ行」に集約されています。子どもの行為に「さ行」の言葉で返すことが子育てのコツだと言えます。

28

言葉の心 ── 善くも悪くも言葉のチカラ

渥美清さんが主演する『男はつらいよ　柴又慕情』（１９７２年公開）の映画を見ていたときです。団子を売る店に貼られていた「言葉の心」と書かれた掲示物に目が留まりました。そこには、次の５行が書かれていました。画面を見ながら、急いで書き写しました。

一つのことばでケンカして
一つのことばで仲直り
一つの言葉で頭が下がり
一つの言葉で笑いあり
一つのことばで泣かされる

寅さんの映画を見ていると、ここに書かれているケンカや仲直り、笑いや涙がすべて登場してきます。それらの事態を引き起こしているのは寅さんのセリフ（言葉）であることに気づかされます。言葉は寅さんの心の様々な感情を映し、それを周囲の人に伝えているのです。しかも、それはたった「一つの言葉」で起こっているのです。寅さんの常套句「それを言っちゃ、おしまいよ」のセリフが耳に残っています。言葉のもつ意味と重みを改めて感じました。

識字学級に通っていた年配の人から、聞いた話です。識字学級で「夕日」という漢字を初めて教わった日のことです。その日の夕刻に、いつものように夕日を見たそうです。すると、見慣れている夕日がそれまでと違って、一段と綺麗に見えたというのです。「夕日」という文字を覚えたからでしょう。言葉には見え方を変えてしまうほどのチカラがあることに気づきます。

識字学級に通っていた吉田一子さんの体験談です。一子さんがお話のモデルになった『ひらがなにっき』（解放出版社）のなかに紹介されていました。一子さんが病院に行ったとき、看護師さんから「今日は自分で名前を書いてください」と言われたそうです。一子さんは力を入れて「吉田一子」と書き終え、そのあと看護師さんの顔をじっと見ていました。無事に読んでもらえるか、心配だったのでしょう。しばらくして「よしだかずこさーん」と呼ばれました。一子さんは「うれしくてびょうきもなおりました」と言っています。言葉には病気をなおすほどのチカラもあることに気づかされました。

語彙や言語力は、感性を豊かにし、情緒を安定させます。逆に、言いたいことが十分に伝えられないときはイライラします。言葉が出るまえに、つい手や足が出てしまうこともあります。言いたいことが伝わったときには心が落ちつきます。言語は心のありようを左右します。言語には善くも悪くも大きなチカラがあります。

29

『子どもが育つ魔法の言葉』— 子は親の鏡

人間は、環境と切っても切れない関係にあります。私たちは今の環境から逃げ出すことはできません。環境とは、自然環境をはじめ、人的、社会的な環境を言います。人間はそれらの環境の影響を強く受けながら成長しています。環境のうち、人間の人格の形成や生き方に大きな影響を及ぼしているのは、人的な環境です。家庭にあっては、身近な存在であり、成長に直接関わっている親だと言えます。

子どもは親から投げかけられる言葉で育つと言われます。言葉一つでどうにでも方向づけられるということでしょう。

『子どもが育つ魔法の言葉』（ＰＨＰ研究所）に、詩「子は親の鏡」が紹介されています。作者のドロシー・ロー・ノルトが１９５４年（昭和29年）に書いたものです。その後、一部修正が加えられています。ドロシーは家庭教育に生涯を捧げた教育家です。本書がＰＨＰ文庫として出版されたのは２００３年のことです。すでに１２４刷（２０２０年６月）にもなっているベストセラーです。

本書は、子どもは親を手本に育つこと。毎日の生活で親の姿が子どもに最も影響力をもつことを一貫して主張しています。詩の一節には、心に残る言葉がたくさんあります。

そのなかから、いくつか紹介します。

・けなされて育つと、子どもは、人をけなすようになる。

・とげとげした家庭で育つと、子どもは、乱暴になる。

・叱りつけてばかりいると、子どもは「自分は悪い子なんだ」と思ってしまう。

・誉めてあげれば、子どもは、明るい子に育つ。

・認めてあげれば、子どもは、自分が好きになる。

どれも納得できる言葉ばかりです。これらの言葉に共通していることは、人的な環境、とりわけ親の接し方や言葉のかけ方が子どもの育ちに大きく関わることです。先に、相田みつをの「育てたように子は育つ」という言葉を紹介しましたが、合い通じるものがありそうです。

本書の「はじめに」には次のように書かれています。

「親は、子どもにとって、人生で最初に出会う、最も影響力のある『手本』なのです。子どもの生活のなかで親の姿や生き方から、よいことも悪いこともすべて吸収してしまいます。」

子どもは誕生した時点で親からＤＮＡを引き継いでいますが、誕生後には親の影響をさらに強く受けながら成長していきます。子どもは親をモデルに生きていますから、「子は親の鏡」と言えます。

30

家庭の役割を考える ── 第一義的な責任は家庭に

小学校のある学級担任から聞いたことです。保護者から次のような依頼を受けることがあるといいます。親が躾けてもだめだからでしょうか。

・うちの子は着ていたものを脱いだとき、きちんとたためないんです。体育の時間に着替えるとき、注意して見ていただけませんか。できないときには注意してください。

・トマトが嫌いで食べられません。先生、何とかしてくださいませんか。

・近所のスーパーマーケットでときどき万引きをしているようです。学校でやめるよう、きつく指導してもらえませんか。

・家では雑巾を使って掃除をさせていません。学校では雑巾をきちんと絞れていますか。できないときには指導してください。

いずれも保護者の切実な願いが伝わってきます。ところが、どこかしっくりしないものばかりです。学校や担任としてどのように対応するかを考えるまえに、次のことを確認しておきたいと思います。

日本の学校では、教科の勉強だけでなく、学校生活や社会生活の全般についても指導してきました。給食の時間には「よく噛んで食べましょう。好き嫌いを無くし、残さず食べなさい」などと指導しています。これまで確かに掃除の時間も給食を食べる時間も、さらに登下校の場や放課後の時間さえもすべて教育の場として捉えてきました。

わが国において、学校の行き帰りや横断歩道の渡り方など交通安全教育を伝統的に重視してきました。そのためでしょうか。子どもが下校後に交通事故でけがをしたとき、「学校で指導していないからだ」と、学校の責任を追及してきたそうです。

保護者のなかには、学校は勉強を教えるだけでなく、本来家庭で行うべき躾についても担任がやってくれるもの、あるいはやるべきこととして受けとめている人が少なくありません。

教育基本法（第10条）には、家庭教育の役割に関して、「父母その他の保護者は、子の教育について第一義的責任を有するものであって、生活のために必要な習慣を身に付けさせるとともに、自立心を育成し、心身の調和のとれた発達を図るよう努めるものとする。」と規定されています。

これはきわめて重要な規定です。基本的な生活習慣を身につけ、自立心を育てることは、第一義的に家庭や保護者の役割です。このことを改めて確認したいものです。

31

家庭の約束ごと ―「契約」の意味を教えたい

約束のしるしとして行われる、小指を曲げて、互いに引っかけ合う行為を「指切り」と言います。子どもたちは約束を交わすときに、「指切りげんまん、うそついたら針千本のーます」と、約束は必ず守ることを互いに誓い合います。もし約束を守らなかったら、針を千本も飲まなければなりません。実際には、飲み込むことなどできませんし、そのようなことはしませんが、それほど厳罰が待っていることを覚悟しなさいという戒めを言っているものです。

家族や子どもたちのあいだで交わされる約束ごとは、それほど深刻なものはないかもしれません。しかし、他人との約束は社会的なルールです。厳密にいえば契約の一つと言えるでしょう。厳守することは単なるマナーではありません。契約とは約束のうち、法律が適用されるものを言います。友だちとのあいだでの「公園で遊ぶ約束」などは、もし破っても法律が適用されることはありませんから、契約ではありません。

「契約」と聞いても、日常生活ではピンとこないかもしれません。あまり関係がないものと受けとめられがちですが、そうではありません。私たちはお金を払って商品やサービスを受け取っています。こうした買い物をするという行為は、買う人の申し出と売る人が受ける行為とのあいだで成立します。これを売買契約と言います。
２０２２年（令和４年）４月から、「成年（成人）」の年齢がこれまでの20歳から18歳に引き下げられます。「成年（成人）」になると、親（親権者）の同意がなくても、自分一人で契約ができるようになります。契約が成立すると、権利と義務が生じることになります。家庭や学校では、18歳を迎えるまえに契約することの社会的な意味について指導することが求められます。

社会生活を円滑に営み、社会の秩序を維持していくためには、誰もがルールを守らなければなりません。その基盤になるのが友だちとのあいだで交わされる「約束」です。約束を守ることは信頼関係を維持するために大切なことです。もし果たせなかったときには相手が納得できる説明をしなければなりません。

各家庭にも約束ごとがあります。少し油断すると、子どもたちは約束をいとも簡単に破ってしまったり、反故にしてしまったりすることがあります。家庭で子どもとのあいだの約束ごとがきちんと守られていない場合、または、名ばかりで有名無実になっている場合には、このような約束がどうして定められているのか。約束を守ることがなぜ大切なのか。約束の意味や必要性について家族で話し合ってみてはどうでしょうか。

32

子どもに家庭での役割を
――家族の一員としての自覚をもたせたい

家族は集団です。一つの小さな社会と言ってもよいでしょう。家庭で集団生活を営むうえで大切なことは、家族の一員としての自覚をもつこと、家族が協力し合って生活すること、そして家庭の規則や約束ごとを守ることです。家庭のなかで一人一人が役割を果たすことも必要になります。

子どもに自分用の部屋を与えている家庭もあります。これにより家族との関わり合いが少なくなり、人間関係が希薄になってきたと指摘されています。一人一人が各部屋に入り込んでしまったり、孤独に食事をしたりすることから、「ホテル家族」と言われたこともあります。

子どもに家族の一員としての自覚をもたせるためには、家庭での役割や仕事をもたせるとよいでしょう。自分のやれることややらなければならないことを明確にさせ、成長に伴って新しい役割をもたせます。その際、自分のためだけでなく、家族のためでもあることを意識させます。

自分の行ったことが家族のために役に立ったことに気づくと、自らの役割や存在価値を強く意識し、家族の一員としての自覚や誇りをもつようになります。

保護者は子どもに役割や仕事を一方的に指示するのではなく、話し合いをとおして年齢や能力に応じてできる範囲のことを決定します。

兄弟姉妹が複数いる場合には、仕事を割り振ります。当事者で決めさせることが理想です。話し合いが成立したり、調整能力が発揮されたりすると、当事者にとって貴重な学びの場や機会になります。しかし、ときには喧嘩になったりいじを張ったりすることもありますから、そのようなときには親が仲介に入り、話し合いながら調整します。仕事を輪番制にすることも考えられます。

最初のうちは、難しいことに挑戦させる必要はありません。高度なことに取り組もうとする気持ちは大事にしたいですが、多くの場合長つづきしません。親から見ると「そんなこと」と思うことでも問題ありません。朝起きたら新聞を取りに行く。窓のカーテンを開ける。食卓に食事を運ぶなど、できることを役割として決定します。徐々にハードルを上げ、ほかのことにもチャレンジさせます。「継続は力なり」と言います。

また、時期をみて成果を認め、褒めてやります。「あなたが頑張っているお陰で、家庭が楽しい場になっているよ」といった言葉をかけます。「自分はみんなのために役に立っている」という自己有用感が、家族の一員としての自覚をもたせることにつながります。

33

回数券のプレゼント
――家族に感謝し関わりをつくる

5月の第2日曜日は母の日です。この日、子どもは日頃から世話になっているお母さんや、お母さんと同じような仕事をしてくれている人に感謝の心を表そうとします。父の日や敬老の日、勤労感謝の日も、世話になっている人に感謝と敬いを表す日です。

感謝の心を伝えるには様々な方法があります。言葉で伝えることもできます。手紙を書いて渡す方法もあります。ものをプレゼントすることもできます。ものには金銭で購入したものと手作りのものがあります。感謝の心を伝えることは、豪華さや金額が問題ではありません。いかに心がこもったものであるかです。

手作りのプレゼントに「回数券」があります。回数券が子どもの日常生活のなかで身近でない場合には、どういうものかを知らないかもしれません。そのようなときには、バスなど交通機関の回数券の実物を見せたり説明したりします。

例えば「肩たたき回数券」「玄関のおそうじ回数券」「洗濯物の取り入れ回数券」など、お母さんなど家族の行動を観察させ、自由に子どもらしい回数券を考えさせます。ここでは、自分のことや自分のためになることではなく、家族が喜んでくれることを第一に考えさせます。一つの回数券は10回程度がよいでしょう。これも子どもの発達段階や関心度をもとに考えさせます。無理なことを計画させると、回数券が生かされなくなってしまうからです。

回数券のプレゼントは母へのものだけではありません。父の日にはお父さんに、敬老の日には祖父母を対象に作成することもできます。また、広く捉えると、家庭のため、家族のためを意識した回数券を工夫させることもできます。回数券は感謝の気持ちを表し、家族との関わりをつくる一つの手段になります。

回数券は家族のために行動するための一つのきっかけです。回数券を使い切った時点で、これからはどうするかを子どもに考えさせる機会をつくります。新しい回数券を発行するのか。ここで一旦終了するのか。それともこれからは回数券が無くても、進んで実行するのかなど、様々な選択肢が考えられます。

大切なポイントは回数券の有無に関係なく、家庭で自分ができること、家族のために自分がやらなければならないことに目を向けさせることです。相手の気持ちや家庭のあり方を考えさせるようにすることが大切です。

回数券を作成し、プレゼントする行為は、家族の一員として自覚をもたせるとともに、自分は家族のために何ができるかを考えさせ、実際に行動しようとする意欲を育てる契機になります。

34

朝食の大切さ ― 頭と心と体を鍛える原動力

毎月19日は「食育の日」です。6月は「食育月間」です。これらが定められた頃には「食育」という用語に目新しさを感じた人がいたかも知れません。ところが、明治時代に「知育、徳育、体育すなわち食育なり」と、食育の重要性を説いた人がいます。石塚左玄という福井の軍医です。また、同時代に小説『食道楽』を著した村井弦斎も「小児には、徳育よりも知育よりも体育よりも、食育が先」と、すでに「食育」に目を付けていました。

平成17年（２００５年）に食育基本法が制定されました。そこでは、知育、徳育、体育の基盤は食育であると、食育の重要性をうたっています。１００年以上も経ってから、食育の重要性が改めてよみがえったとも言えます。

身体は食べることによってつくられます。当たりまえのことですから、ややもすると軽く考えがちです。これまで勉強することや心を育てることと比べると、食べるという行為はそれほど重視されてこなかったように思われます。

現在、各学校や地域で「早寝　早起き　朝ご飯」運動が展開されています。この三つのことは深く連動しています。遅くまで起きていると、翌朝早く起きることができません。すると、時間が無くて、朝ご飯を食べなかったり美味しく食べられなかったりします。朝ご飯は必要かつ重要なエネルギーを補給する機会です。体を元気に動かし、頭をフルに回転させる源になるものです。朝ご飯は一日の始まりです。朝ご飯をしっかり摂ることは、一日の生活を規則正しく過ごすことにつながります。

　重要な役割をもっている朝ご飯を様々な理由で食べてこない子ども、あるいは食べさせてもらえない子どもが増えています。朝ご飯をしっかり食べてくる子どもは、そうでない子どもと比べて、学力や運動能力が高いという結果が、文部科学省の調査で明らかになりました。食習慣が確立している子どもは、思いやりの心やものを大切にする態度が育っているとも言われています。食べ物を残さず感謝して食べているからでしょう。

「早寝　早起き　朝ご飯」運動を展開すると、各家庭や保護者は朝ご飯に関心を向け、朝食の摂取率が高まります。ここで出てくる新たな問題は、朝食に何を食べるのかということです。バランスのある食事が大切です。菓子パンとジュースでは困ります。

　朝ご飯をしっかり食べることと、学力の向上や心の教育とは、一見関係がなさそうですが、深く関わっています。これからも栄養のバランスを考えた朝ご飯の献立に気を配り、一日のスタートを切りたいものです。

35

「早寝　早起き　朝ご飯」――欠かせない家族の協力

平成17年（2005年）に制定された食育基本法が契機になって、「食育」に対する関心が高まってきました。そのシンボル的なスローガンに「早寝　早起き　朝ご飯」運動があります。これは健康に生きるための生活習慣の基本を端的に言い表したものです。

高学年になってくると、夜更かしをする子どもが多くなると聞きます。遅く寝ると、翌日早く起きることはできません。登校時間の間際に起きてくることもあります。その結果、朝ご飯を食べなかったり、落ち着いて食べることができなかったりします。「遅寝　遅起き　朝食なし」といった負の連鎖になってしまいます。

近年、子どもの就寝時間が遅くなっていることが指摘されています。遅くまでテレビを視聴していたり、ゲームに夢中になったりしていると、つい寝る時間が遅くなってしまいます。布団に入っても、隣の部屋からテレビの音が聞こえてくると、眠りに入ることはできません。子どもが早寝するためには家族の協力が欠かせません。

早く寝ると、翌日爽やかな朝を迎えます。夜更かしをした翌日は親に起こされることもあり、すっきりした目覚めにはなりません。前日の早寝と翌日の早起きは一体のものです。「早起きは三文の得」と言います。朝早く起きると、何らかのよいことがあるという意味で、朝寝坊を戒め、早起きを奨励しているものです。英語圏には、「早起きの鳥は虫を捕らえる」という言い方があるようです。早起きは万国に通用する優れた生活スタイルと言えます。

早起きすると、朝食までに時間があります。起きてから時間をおいてからの朝食は美味しいものです。時間をかけてゆっくり食べるゆとりも生まれます。

学校では、保護者の協力を得て、朝食の摂取状況について調査することがあります。すると、朝ご飯を食べてこなかったり、食べられなかったりする子どもがいます。子どもにバランスのある朝食をしっかり食べさせることは、保護者の最低限の仕事です。

朝ご飯をしっかり食べない状態で学校に行っても、勉強や運動に身が入らないことは目に見えています。脳や体に栄養やエネルギーがゆきわたっていないからです。

小学生は保護者の協力もあり、このスローガンが大分徹底してきたようです。ところが、中学生になると、部活動や受験勉強が始まり、せっかく確立した生活習慣が乱れてしまうと聞きます。「早寝　早起き　朝ご飯」は中学生になっても引き続き徹底したい生活スタイルだと言えます。

36

子どもからの評価 ―「お父さんへの通信簿」

多くの場面で、子どもは周囲のおとなから常に評価される立場にあります。日常生活においては、「よく頑張ったね」と褒められたり、「こんなことをしてはだめだよ」と叱責されたりします。これによって子どもたちは成長していきますから、子どもにとって、おとなという他者から評価されることには重要な意味があります。

学期末になると、学級担任が作成した通信簿（通知表）が、一人一人の子どもに手わたされます。これは担任が子どもの学習や生活の状況を評価した結果です。

「母の日」や「父の日」などにわが子が親をどのように見ているかを評価する機会をつくってはどうでしょうか。評価した結果は「お母さんへの通信簿」「お父さんへの通信簿」として作成させます。これは子どもの親に対する評価です。例えば次のような項目を設定します。お父さんを例にします。子どもに考えさせるとよいでしょう。

・時間をつくって、よくお話をしてくれます。
・みんなと一緒に夕ごはんを食べます。
・いけないことをすると、きびしくしかります。
・テレビのチャンネルを一人じめしません。

・お勉強をよくみてくれます。
・お休みの日にはよく遊んでくれます。
・お父さんは服装（オシャレ）に気をつけています。
・お母さんと仲良しです。
・お酒の量をひかえ、健康には注意しています。
・よく本を読みます。

評価基準は、「とてもよい」「ふつう」「努力しましょう」の3段階が基本ですが、5段階や10点満点にする方法もあります。このあたりは子どもの発達段階に合わせます。高学年では、形式や内容を子どもに自由に考えさせると、個性豊かな楽しい通信簿が期待できます。自由記述の欄を設けるのもよいでしょう。

子どもが親を評価するときの基準は子どもによって異なります。厳しく見る子もいれば、甘く見る子もいます。通信簿から、子どもが親をどう見ているか。満足した家庭生活を送っているか。親にどのようなことを期待しているかなど、子どもの心情を理解することができます。

わが子からの通信簿を見て、日頃の躾や接し方など、親としてのあり方や生き方を振り返ることができます。これからの親としてのあり方や改善点を考える契機になります。

37

「人生手帳」作成のすすめ
——夢と目標を記録に残す

学校では、子どもに将来の夢を語らせ、目標を立てさせます。これには子どもに自らの課題を明確に意識させ、学校生活を主体的に送らせたいという願いが込められています。キャリア教育や進路指導の観点から、将来何になりたいのか。どのような職業に就きたいのかを考えさせることがあります。なりたい職業を意識すると、その職業について知識や情報を収集し、職場にも関心をもつようになります。目標がさらに具体的になります。将来の夢を考えることがきっかけになって、意欲的、主体的に生活していこうとする態度が養われます。

ところが、こうした取り組みが1年ごとになっていて、継続していないように思われます。前年度の子どもの意識や関心が次年度に引き継がれていないという問題です。子どもの意識や関心は継続しているはずなのに、親の側に連続性がないのは問題です。こうした問題をどのように解決したらよいのでしょうか。

「人生手帳」はそのときどきの夢や目標を小学校から高等学校、大学まで継続的に書き綴っていくものです。「人生手帳」には、年度や学期の初めに学習や生活に対する目標を書き込みます。将来なりたい職業を書き、どのような人間に成長したいか。そのためにどのようなことに努力するかを書きます。そして、学期や年度の終わりには、それまでを振り返り、成果や反省事項などを書きます。

キャリアを形成していくには、こうした取り組みを小学校1年生から積み重ねていくことが大切です。継続して記録していくと、それぞれの時期の関心や思いが記録として残りますから、一人の人間としての成長の様子がわかります。

長期にわたって、目標や将来のことを記録に留めていくには、1枚のワークシートのようなものよりも、小型のノート（手帳）形式のものがよいでしょう。各ページは学年の発達段階に応じて、文字や内容、記入欄などを工夫します。装丁も長期間耐えられるように丈夫なものにします。

人生手帳はいつでも手元に置き、いつでも見ることができるようにします。過去の記録を見ると、学年によって夢や目標が変容してきたことにも気づきます。

子どもたちは中学校に進学すると、将来の進路をより深く考えるようになります。高等学校では将来の職業をより現実的に考え、今後の進路を決定していきます。「人生手帳」は小学校から高等学校や大学を卒業して、社会人に成長するまで活用します。社会人になるまでの人生の足跡にもなります。

38

夏休みの計画づくり
――見通しが立つと、意欲的になる

　夏休みに入る頃になると、学校は「子どもたちを家庭にお返しする」と言っています。このことは子どもの主要な生活の場が学校から家庭に移ることです。夏休みになることは、これまでの生活リズムが変わり、それぞれの家庭で新しい生活が始まることを意味しています。

　夏休みを迎えるに当たって、各家庭では、夏休みの過ごし方について話し合いをもち、夏休み中の計画を立てることを予定していることでしょう。

　計画を立てることには次のようなメリットがあります。まず、今日は何に取り組むのか。いつまでに何を行うのかが明確になりますから、目的をもって生活することができます。その結果、規則正しい生活を送ることができるようになります。また、何をするのかを自分で決めますから、夏休みだからこそできることに挑戦することもできます。このことは生活をより主体的に生きることにつながります。

　夏休みの計画を立てるときには、昨年の取り組みを振り返ります。こうした行為を自己評価すると言います。予定どおりできたことは何か。不十分だったことは何かを明らかにすることにより、取り組みに対する充実感や達成感を味わうことができ、新たな課題を明確に意識することができます。これは目的意識をもって主体的に生きている証しです。

計画には夏休み全体を通したものと1日の過ごし方の二つがあります。全体の計画表には登校日、プール、臨海や林間などの宿泊行事、地域での活動や祭り、家族での旅行などを書き入れます。自由研究などの学習課題をいつまでに何を仕上げるのか、およその日程を立てておきます。自由研究の進め方については独自に計画を作成することもあります。

次に、1日の過ごし方について計画を立てます。日課表づくりです。起床時間、ラジオ体操、朝食の時間から、学習の時間、就寝時間などを書き入れます。宿題などは午前中の涼しいうちに済ませるようにします。読書や家のお手伝いの時間も計画しておきます。

計画を立てることで、先が見えてきます。見通しが立つとそれを実現しようとする意欲も高まってきます。計画を立てることは目的意識をもって、生き生きと楽しく、そして充実した夏休みを過ごすために大切なことです。

無理な計画を立てると、負担になったり、かえって意欲を喪失したりすることにもなります。充実感を味わいながら過ごしていくためには、無理や無駄のない、ゆとりをもたせた実現可能な計画を立てることが何より大切です。どうしても実現できなくなったときや突然の出来事が入ってきたときには、途中で計画を修正することもあります。

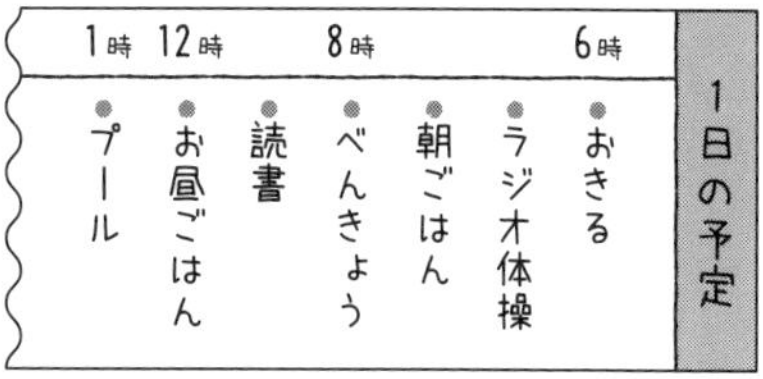

39

夏休みの自由研究 ― アドバイスのヒント

夏休みになると、学校から「自由研究」という課題が出されます。子どもたちに自由研究に取り組ませることには次のような意義があります。

まず、子どもの問題意識を重視し、主体的、意欲的に取り組む態度を育てることができることです。取り組むテーマを子ども自身に考えさせることにより、「調べたいこと」「やってみたいこと」「作りたいもの」を強く意識させることができます。与えられた宿題を行う場合と違って、能動的に取り組もうとする意思や意欲や態度が養われます。

次に、自由研究は一定の筋道や手順を追って進められますから、計画性が培われます。場当たりではなく、段取りを立てて、計画的に進めていかないと十分な成果は期待できません。日頃の生活とともに自由研究に対する自己管理能力を育てる機会にもなります。

そして、研究の成果をまとめる力をはぐくむことができます。まとめるときには、筋道を立てて論理的に整理する能力が求められます。「もの」を製作した場合にも、その説明書きを書かせます。文章などでまとめる活動は表現力を育てる場でもあります。

家庭で自由研究に取り組ませるときには、まず親が自由研究の意義やねらい、方法などを確認しておきます。このことは学校でも指導されますが、改めて子どもに伝えます。

夏休みの自由研究は子どもが一人で取り組む活動ですが、親が適切に関わることが重要です。ただ「自由研究に取り組みなさい」だけではよい成果が期待できません。

自由研究に当たっては、まず「テーマ」を明確にさせます。テーマとは、日頃から「おかしいな」「どうしてだろうか」と疑問に思っていることややってみたいことです。調査、見学、観察、実験、飼育、栽培、製作、創作、実習などの学習活動が考えられます。テーマを設定するときには、どうしてそのことにチャレンジしたいのか、研究に取り組みたい動機や理由をハッキリさせます。

次に、研究計画を作成させます。「いつまでに」「何を」「どこまで」行うのか。およそのスケジュール（日程）表を作成します。これによって先が見えてきますから、研究の見通しが立ち、やる気が高まってきます。あまり窮屈なものや無理な計画を立てると、かえって自分を苦しませることになります。余裕のある計画にします。取り組んでいる過程で修正されることは十分考えられます。

地域には、図書館や児童館、博物館、郷土資料館、美術館、植物園、水族館などの施設があります。そこには司書や学芸員など専門家がいます。自由研究でつまずいたときには、それらの人たちから適切なアドバイスを得ることができます。

40

自由研究できる力 ―― 生涯学習の基礎を養う

子どもたちが楽しみにしている夏休みがやってくると、「自由研究」という課題を出している学校が多いようです。これには、自由に使える長期の休みを有効に活用して、自分の設定した課題に思い思いにチャレンジさせたいという意図や狙いがあります。

ところが、自由研究は子どもたちにとって必ずしも簡単な課題ではなさそうです。自由研究にどのように取り組んだらよいのかといった、自由研究の進め方を理解していないと、研究ができないからです。夏休みに自由研究に取り組むためには、次の四つの力が必要になります。これらは自由研究に取り組む手順であり、そこで発揮される力です。

一つは課題を見いだす力（課題発見力）です。研究のテーマを設定することなく、研究をスタートさせることはできません。日頃から知的な好奇心や探究心をもって、「不思議だな」「どうしてだろう」といった「はてな？」を見つける習慣を身につけ、「調べてみよう」「作ってみたい」といった挑戦意欲を育てておくことが大切です。

二つはテーマを追究・解決していく計画を立てる力（研究計画の作成力）です。これによって問題意識が焦点化、具体化していきますから、研究の見通しが立ちます。問題解決への切実性が高まります。見通しを立てることを段取りをよくするとも言います。

三つは自分一人で課題を解決する力（自立解決力）です。基本的には、自分の力で資料を集め、実験・観察、製作活動などに取り組みます。学校のように教えてくれる人がいつも身近にいません。困ったときには自分から指導者を探し、助言を求めていかなければなりません。

そして今一つは、取り組んだことを自分なりに評価し、成就感と達成感を味わうことです。これは自己評価力です。研究成果を発表し合い、友だちや先生から評価を受けることもあります。

これらの四つの力を自由研究の手順に沿って発揮することで、子どもたちは自由研究に取り組むことができるようになります。

自由研究は夏休みだけではありません。自ら課題を設定し、自分なりに取り組みながら、過程や結果において学びがいと生きがいを感じること。こうした学習スタイルは、生涯学習の方法と共通しています。生涯学習と「夏の自由研究」はよく似ていますので、生涯学習は「人生の自由研究」であると言えます。その意味で、自由研究できる力は生涯にわたって学びつづける力でもあります。

学校教育の役割は生涯学習の基礎づくりをすることにあると言われています。このことを実現させるためにも、普段から子どもたちに自由研究できる力を育てることが重要な課題になっています。

41

図書に親しむ ―― テレビを消して読書を

「読書の秋」と言いますが、読書は秋にかぎりません。読書は知識や情報を豊富にするとともに、想像力を働かせ、感性を研ぎ澄ませますから、豊かな人間性をはぐくむという重要な役割があります。映像では得られない、文字や活字のチカラを感じます。

読書ばなれ、文字・活字ばなれが指摘されて久しいですが、小学生にかぎってみると、読書する子どもや読書量に増加傾向が見られます。学校での「朝読書」や家庭での「読み聞かせ」などによる、これまでの取り組みの成果だと言えます。

学校では、国語科の時間に、週に1時間ほど学校図書館を利用した読書活動が行われています。ただ、読書の時間を十分にとることはできません。集中して読んでいても、時間が来てチャイムが鳴ると、中断してしまうこともあります。読書を継続させ、読書する習慣をより確実なものにするには家庭の協力が欠かせません。

子どもたちは家に帰ると、無意識のうちにテレビのスイッチを入れると言います。家庭によっては、時計代わりにいつもテレビがついているとも聞きます。テレビは今やすっかり日常生活のなかに入り込んでいます。しかし、テレビがついていると、どうしても画面を見入ってしまい、読書に集中することができません。

どのような本を読ませたらよいのかが話題になります。マンガの本でも活字に親しむことはできますが、できれば童話や伝記物など文字だけの本がよいでしょう。文字に表現されたことをもとに、想像力を働かせ膨らませることができるからです。

福沢諭吉や野口英世、キュリー夫人など先人の伝記は生き方を考えるヒントや参考になります。夏目漱石の「坊っちゃん」や芥川龍之介の「羅生門」、森鴎外の「山椒大夫」、川端康成の「伊豆の踊り子」などの文学作品は小学生期にぜひ読んでおきたい名著です。国語科や社会科の教科書に登場した作家や作品をきっかけに、さらに読書の対象を広げることもできます。

各家庭で、家族が一斉に読書に打ち込む時間を設けてはどうでしょうか。30分にするか。60分程度にするか。読書時間は子どもと相談して決めます。その時間帯はテレビを消し、パソコンや携帯電話などには触れません。ゲームもやりません。家族みんなが読書する雰囲気をつくるように努めます。

そして、時期を決めて、読書した本やその感想を紹介し合い、ノートに感想文や紹介文を書くことも考えられます。ただ、負担を感じると長つづきしません。できる範囲のことを気軽に取り組むようにすることがポイントです。

42

新聞を読む習慣を ― 言語力と社会力をはぐくむ

家庭で子どもに新聞を読む習慣を身につけていますか。子どもは新聞をどのように読んでいますか。「小学生に新聞を読む習慣を！」と言われると、「おとなを対象にしている新聞を小学生に読ませることは難しくないか」「今や新聞を読まなくても、必要なことはテレビやインターネットで知ることができるのではないか」などと疑問をもち、子どもたちに新聞を読ませることの必要性を感じない人がいるかもしれません。

小さいときから新聞の活字に触れ、新聞に慣れ親しむことはとても大切なことです。子どもたちに文字・活字文化のよさに気づかせ、言語の力をはぐくむことができるからです。これは表現力を養うことにもつながります。また、新聞の記事を読み、写真など図版に接することによって、現実の社会をのぞくことができ、時々刻々と変化している世の中の動きに関心をもつようになるからです。これは自分と他者との関係や社会との関係性に気づくことです。社会のなかで生き抜く力、すなわち社会力の形成につながるものです。

今学校では、ＮＩＥという取り組みが行われています。ＮＩＥとは「Newspaper In Education」の略で、「教育に新聞を！」という主張です。授業のなかで複数の新聞を読み比べたり、記事を学習資料にしたりしている学校もあります。

一般の新聞はおとなを対象に編集されていますから、小学生にとって難解な用語や文章が見られます。そのため、子どもが興味や関心をもったところを大切にします。テレビの番組欄でもスポーツ欄でもいいでしょう。まずは手に取ってみることが大切です。新聞には、小学生の投書が掲載されていたり、小学生にも読めるように活字を大きくしたり、振り仮名（ルビ）を付けたりしているページもあります。小学生新聞を購読している家庭もあります。

社会や世の中の様子は、テレビでも知ることができます。テレビは出来事を映像で理解できるという利点があります。しかし、テレビは一過性です。一方、新聞はいつでも、どこでも手にすることができます。文字や活字をとおして、時間をかけて情報を得ることはより深い理解につながります。必要があれば、記事を切り抜いて保存し、あとで読み返したり活用したりすることもできます。

家庭でも、新聞の記事を話題にするなど、新聞を身近に感じる子どもを育てたいものです。目下、映像が優遇されて文字・活字ばなれが進行し、新聞ばなれが進んでいると聞きます。小学生の頃から新聞を読む習慣を養うこと、新聞を上手に活用する力を育てることは、おとなや教師の大切な役割だと言えます。

43

博物館に行こう ― もう一つの学びの場

日曜日や祝日に博物館や郷土資料館などに行くと、親子づれに出会うことがあります。地域の公共や私設の博物館には、その地域ならではの歴史や自然、文化、人々の暮らしや風習などが実物や写真、説明書きなどで紹介されていて、学校で学べないことを多々知ることができます。それらのなかには、テーマを絞った、専門性の高い博物館もあります。

昔の仕事に使った道具や生活用具などを見ながら、「昔はこうだったわね」などと盛り上がっている年配のグループに接することもあります。実物の道具を見ると、当時の生活の様子がよみがえってくるのでしょう。展示物や掲示物は昔を学ぶ「教材」だと言えます。

博物館などには学芸員が配置され、より専門的な展示を行っているところもあります。元教師が説明に当たっているところもあります。不明なことがあったときには、気軽に聞くことができます。博物館などの学芸員や説明者はもう一人の「先生」だと言えます。

地域の博物館などでは子どもに限らず、誰でも学びを深めることができます。こうした施設は、もう一つの学びの場、すなわちもう一つの「学校」だと言えるでしょう。

これまでの博物館などの説明書きは、おとなであっても理解できない難解な内容や表現が多く見られました。ところが、近年の博物館では、小学生も興味をもって理解できるようにと、これまで以上に丁寧な展示や説明が増えてきました。説明書きに振り仮名をふったり、わかりやすく書き表したり、さらに掲示する位置を子どもの目線にしたりするなどの工夫が見られるようになってきました。展示物に直接触れたり体験したりして感じることができる、ハンズオン型の展示をしているところもあります。

「博学連携」の取り組みを行っている地域があります。これは博物館と学校が連携・協力して、博物館という教育資源を有効に利活用しようという取り組みです。30年ほどまえから行われるようになりました。学校のカリキュラムに合わせて展示物を巡回する「出前展示」を実施している博物館もあります。例えば社会科の3年生での「市の様子の移り変わり」の学習時期に、博物館の展示物を学校での学習内容に合わせたり、学校に運び込んで提示したりする取り組みです。

子どもたちだけでなく、おとなも博物館などで学ぶことができるということは、それらの施設が生涯学習の場として機能していることです。子どもの頃から、博物館に行き、慣れ親しむことは、生涯にわたって施設を利用して学ぼうとする意欲や態度を養うことになります。

地域の生涯学習施設には、博物館や郷土資料館のほかに、科学館や植物園、動物園、水族館、美術館、防災館などもあります。休みの日に出かけてみてはどうでしょうか。

44

年中行事と食べ物
——わが国や郷土の伝統に関心をもたせたい

私たちの生活には通常とは違った、晴れ（ハレ）の日と言われる特別な日があります。普段のことは褻（ケ）です。ハレの日と聞くと、七五三や入学、卒業、結婚など人生の節目に当たる儀礼を連想します。これらの日に着るものを「晴れ着」と言います。

また、毎年同じような時期に行われる行事があります。こうした年中行事に当たる日もハレの日だそうです。ハレの日には、その日にまつわるしきたりがあり、食べ物（行事食）があります。これは古来から伝わる伝統文化です。

1月（正月）にはお餅やおせち料理を食べます。平安時代に貴族のあいだで始まったと言われています。材料には、地元の海の幸、山の幸が使われました。2月には節分があります。この日には「鬼は外、福は内」と言って、煎った大豆を撒き、邪気を追い払います。

3月の桃の節句（雛の節供とも言います）にはよもぎ餅や菱餅を食べ、白酒を飲みます。女の子の成長を願って行われます。5月の端午の節供にはちまきや柏餅を食べます。古来は男の子の成長を祝う日でした。今では、雛の節供も端午の節供もいずれも子どもたちの健康に感謝し、これからの成長を願って行われています。

7月の七夕行事は奈良時代から行われてきました。この日には、庭先にウリやナスなどを供え、笹竹に願い事を書いた五色の短冊を飾り、書道や裁縫などの上達を祈ってきました。この日は索餅（さくべい）という小麦粉のお菓子を食べていました。今では作り方や形を変えて「そうめん」に変化しました。11月の七五三には千歳飴や赤飯、12月の大晦日には年越しそばを食べます。

このように、1年をとおして行われてきた年中行事には、それぞれに伝統的な食べ物があります。その季節にふさわしい食材が使われています。旬の食材は健康にもよかったのでしょう。

仲秋（中秋）の名月は、9月7日から10月8日のあいだで観られます。満月の日は毎年変わりますが、この日にはお月見が行われてきました。この頃は秋の収穫期を迎えます。五穀豊穣を祈願し感謝するものです。この日にはススキの穂を飾り、月見団子や里芋を月に供えます。各地で「観月会」や「月見の会」が開かれます。お月見をしながら、日本古来の行事に触れてはどうでしょうか。

わが国や地域で時節の移ろいとともに、長く引き継がれてきた行事には、人間の成長や健康、人々の平安を願う人々の思いがあります。自然とも結びつきながら引き継がれてきた、わが国ならではの文化だと言えます。伝統のよさに気づく機会が途切れることのないよう、これからもこうした行事を継続していきたいものです。

45

地図や地球儀のある風景
―日本各地や世界に目を向けさせたい

テレビでは、日本の各地はもとより、世界の国々や地域の出来事が放映されています。内容は政治、経済、文化、スポーツ、芸能、観光、暮らしなどあらゆる分野にまたがっており、家庭に居ながらにして日本各地や世界のことをときにはリアルタイムで知ることができます。ニュースやドキュメント、スポーツなどの番組では、国内や外国の地名がたびたび登場してきます。

日常的に利用しているスーパーマーケットには、日本国内だけでなく、遠く外国から運ばれてきた様々な果物や野菜、魚介類などが売られています。

このような場面で、おとなでも聞き慣れない地名や初めて耳にする国名などに接することがあります。このようなとき、身近に地図帳や地球儀があれば、その場ですぐに位置を確かめることができます。

「北海道の旭岳で初冠雪が見られました」と報道されたとき、もし北海道の旭岳がどこにあるのかがわからないとき、地図で調べれば場所がわかります。手元に地図がなければ、場所が確認できず、このニュースの内容は伝わりません。

子どもが手にした地図帳のなかの地図に、たくさんの赤い丸印が書き込まれているのを見たことがあります。赤丸の意味を聞くと、教科書に登場した地名や新しく知った地名に印を付けているというのです。赤丸が増えていくのを楽しみに地図帳を手元において、いつでも活用しているということでした。その地図帳は使い込まれていて、すでにかなりボロボロです。それを誇りにしているようでした。

小学校では3年生になると、「地図帳」が給与され、6年生まで使用します。地図帳の傷み具合を見ると、活用の頻度がわかります。今子どもが手にしている地図帳はどの程度使い込まれているでしょうか。

かつて子どもが小学校に入学したとき、祖父母や親がお祝いに贈った品の定番は地球儀でした。どこの家庭にも地球儀が置かれていました。今はどうでしょうか。地球儀を生産している業者が「最近は地球儀の売れ行きが極端に下がっている」と嘆いていました。

家のなかに日本や世界の地図が掲示され、テレビの傍らに地図帳や地球儀が置かれていると、いつでも不明な地名やその位置などを確認することができます。地図をトイレに掲示している家庭も多いようです。

地図帳や地球儀を活用することで、新たな知識を習得することができます。位置や位置関係、およその距離を確認することもできます。その結果、子どもの視野を日本各地や世界各国に広げることができます。家族のあいだで会話が生まれるきっかけにもなります。

46

おそばをつくる仕事 ― 働くことの意味に気づかせる

玲奈さん（仮称）の家はおそば屋さんを営んでいます。お父さんは朝早くから、お店の調理場でそば粉をこねてそばを打ったり、出し汁をつくったりします。お昼にはたくさんのお客さんがお店に来ます。「美味しかったよ」と言って代金を払ってくれます。

玲奈さんのお母さんは、台所でそばをつくることがあります。私たちの夕食のためです。でも私たち家族はお母さんにお金を払ったりしません。

お父さんもお母さんも「そばをつくり提供する」という同じ仕事をしているのですが、お父さんがお店でつくるおそばは、お客さんからお金がもらえます。ところが、お母さんの場合にはお金がもらえません。

「おそば屋さんの仕事」の話を教材にして、働くということの意味を考えさせた実践があります。1年生を対象にした「家族の仕事」についての学習でした。子どもたちに考えさせたい学習の課題は「お父さんが店でつくったおそばはお金がもらえるのに、お母さんが台所でつくったおそばはお金がもらえないのはなぜか」という疑問でした。そばをつくるという同じ仕事をしているのに、店ではお金がもらえるが、台所ではお金がもらえないという事実の違いは子どもにとって素朴な疑問です。

働くことには、お金をかせぐための仕事と家族の世話をするための仕事があります。前者は職業的労働であり、後者は家事的労働と言われます。「おそば屋さんの仕事」をとおして、同じそばをつくるという仕事にも、違いがあることに1年生の子どもたちにも気づかせることができました。

「お金は働くことによって得ることができる」と言いますが、家族の世話をする仕事や地域や施設などでのボランティア活動という、お金を求めないもう一つの働き方があります。ボランティア活動は奉仕的な活動とも言われ、これは労働の対価としてお金を得ることが目的ではありません。これは奉仕の心の表明行為であり、奉仕者が生きがいややりがいを感じることにも狙いがあります。

家庭で子どもにお手伝いをさせるとき、子どもがお金（お駄賃）を要求することがあります。お手伝いをさせるとき、何のために行うのか。誰のために行うのか。お手伝いの目的と対象をしっかり意識させたいものです。

子どもに働くことについて考えさせることは、望ましい職業観を形成するキャリア教育の一環であると同時に、将来の進路を決定する際にも貢献するものです。さらに、お金や金融に対する関心をもたせることにもつながります。

47

ボランティア活動――「させていただく」の心

阪神・淡路大震災や東日本大震災など甚大な自然災害の被災地をはじめ、地域の福祉施設などで、ボランティア活動が盛んに行われています。これらは誰かに強要されるものではなく、あくまでも自発的なものです。また、何らかの見返りや報酬を求めるものでもありません。

そもそもボランティア活動は誰のために行うのでしょうか。もちろん、被災された人たちの一刻も早い復旧や、福祉施設などで生活している人たちのために援助や支援をすることです。しかし、それだけでしょうか。

ある高齢者施設でのことです。ボランティア活動に取り組んだグループの人たちが、夕方帰りがけに、「今日は大変お世話になりました。お手伝いをさせていただき、ありがとうございました」と、施設の人たちにお礼を言っていました。普通に考えれば、施設の人たちが「ご苦労さまでした」とお礼を述べ、ボランティア活動に取り組んだ人たちは「どういたしまして」などと答えるところでしょう。ところが、ボランティア活動に取り組んだ人たちも「ありがとうございました」と言っているのです。

ボランティアは誰のために行うのでしょうか。ボランティアにはそもそもどのような意味があるのでしょうか。ボランティアとよく似た言葉に「奉仕」があります。奉仕とは、人や社会や国家のためにつくすことです。

ボランティアとは本来「相互援助」の精神に立つものです。人や社会にサービスを提供することによって、自分も生かされるという考え方によると説明されています。ボランティアは「他人（ひと）のため」に行うというよりも、詰まるところ「自分のため」に行うことだと言えます。

また、ボランティアとはその人のために何かをしてあげることではなく、その人を理解し、その人と触れ合い、その人にとって何が必要かを考え、行動することです。そのためには、同じ目線で、同じ土俵に身を置くことが大切です。

開発途上国への国際協力の状況を調べ、わが国の援助のあり方について学習していたときのことです。ある子どもが校庭にある滑り台を指さして、「私はこれまで滑り台の上から開発途上国を見ていました。これからは滑り台の上から下に滑り降りて、途上国の状況をよく見て、問題の解決策を考えることが大切だと思いました」と、これまでの上からの目線を反省していました。

ボランティア活動は共に生きていることの喜びを実感する行為です。「させていただく」の心で実践したいものです。

48

学び方の指導 ― 一生ものを身につけさせたい

6年生の子どもたちが開発途上国への援助の仕方を考えていたときでした。「募金をしよう」「病気にならないよう、薬を送ればよい」「発電機を送れば、水を楽にくみ上げることができる」など、物やお金に目を向けたアイデアがたくさん出されました。いずれもユニセフ募金の経験やテレビなどによる既有の知識を踏まえた子どもらしい意見でした。

こうした意見に不十分さを感じた先生は、このあと次の資料を提示しました。

「一匹の魚を与えれば、その日だけの食べ物にしかなりません。しかし、魚のとり方を教えれば、一生の食べ物を与えたことになります。」

これを読んだ子どもたちは、開発途上国に援助するときも同じように、「一匹の魚」（物）を与えるよりも「魚のとり方」（技術・技能）を身につけることが大切であることに気づきました。援助物資は一時的に役立っても、無くなればまた援助が必要になります。開発途上国の自立を促すことにはつながりません。「魚のとり方」を教えれば、それを生かして一生涯生きていくことができます。

これまでの学校教育では、知識や技能を身につけるために様々な努力がなされてきました。家庭でもいろんなことを知っていること、上手にできることを善しとしてきました。

生き字引とか昔取った杵柄といった言葉が頻繁に使われた時代もありました。ところが、情報が日進月歩変化し増加する社会においては、知識や技能を教えることに自ずから限界があります。また一旦身につけた知識や技能も時間が経つと、忘れられたりあやふやになったり、ときには使えなくなったりします。

私たちは日常生活において、漢字を忘れたときや言葉の意味を知りたいときには国語辞典で確かめることができます。それは国語辞典の使い方を身につけているからです。パソコンの検索方法を習得していると、知りたいことをいつでも調べることができます。

日本の学校教育では、これまで「学び方」に関する指導をそれほど重視してきませんでした。「学び方」とは、具体的に、グラフや図表などの資料の読み取り方、問題解決の方法、見学や観察、実習などの仕方、図書館や博物館など施設の利用法、調べたことの整理の仕方、パソコンなど情報機器の使い方、討論の仕方、コミュニケーションのとり方などです。これらはいずれも「一匹の魚」に当たる知識や技能（内容知）ではなく、「魚のとり方」に関する知識や技能（方法知）と言われるものです。

成長・発達の途上にいる子どもたちがこれらの「学び方」を習得することにより、生涯にわたって学びつづけるために必要な一生ものを手に入れ、自立して学んでいけるようになります。

49

学力向上の秘策 ―― 三つの要素の相乗効果を

「子どもに高い学力を身につけさせたい」。このことは誰もが願っていることです。子どもの学力を向上させるために、これまでも様々な手だてが考えられてきましたが、少なくとも次の三つのことを重視します。

一つは、子どもに学ぼうとする「意欲」があることです。やる気をもっていることが学力の向上につながります。時間をかけても、学ぼうとする意欲がなければ身になりません。学ぶ意欲の育て方については、内発的な動機づけの大切さを36～37ページで述べました。

二つは、子どもが「学び方」を身につけていることです。勉強の仕方を習得していると、主体的、能動的に学ぶようになります。学び方については、わが国の学校教育においてこれまであまり重視して指導されてきませんでしたが、学力を継続的に高めていくためにはきわめて重要な道具だと言えます。学びなおしが可能になりますから、たとえ学力が一時的に低下しても回復させることができます。学び方の必要性や内容については、１０４～１０５ページで述べたとおりです。

三つは、子どもを取り巻く「環境」です。これには次の三つがあります。まず、人的な環境です。身近に指導や助言を受けることのできる人がいること、共に学び合える友だちが身近にいることです。友だちは学力の形成に大きな影響を及ぼします。次は、物的な環境です。机や椅子はもとより、参考書や百科事典などの図書、学用品など勉強をするために必要な最低限の品物がいつでも使えるように整っていることです。勉強に関係のないものがあると、気持ちを拡散させることもあります。環境は子どもの能力に応じて整えます。そして、雰囲気です。これは目には見えない空気みたいなものです。雑然とした雰囲気を感じる一方で、落ち着きのある空間を感じることもあります。これには室内の掲示物や家具などの配置が影響していることがあります。

「意欲」と「学び方」と「環境」の三つは「足し算（和）」の関係ではありません。三つのうち、意欲があり環境が整っていても、学力向上は不十分です。三つの要素はそれぞれがバラバラに機能しているのではなく、相互に関連し合って相乗効果を発揮するからです。すなわち、三つは「掛け算（積）」の関係にあります。図式化すると、次のようになります。

学力向上＝（意欲）×（学び方）×（環境）

これは「意欲」と「学び方」と「環境」のうち、いずれか一つでも不十分だと、その積である学力は向上しないことを意味しています。ましていずれか一つが「0（ゼロ）」になると、学力向上はゼロになりますから、学力向上は実現しません。

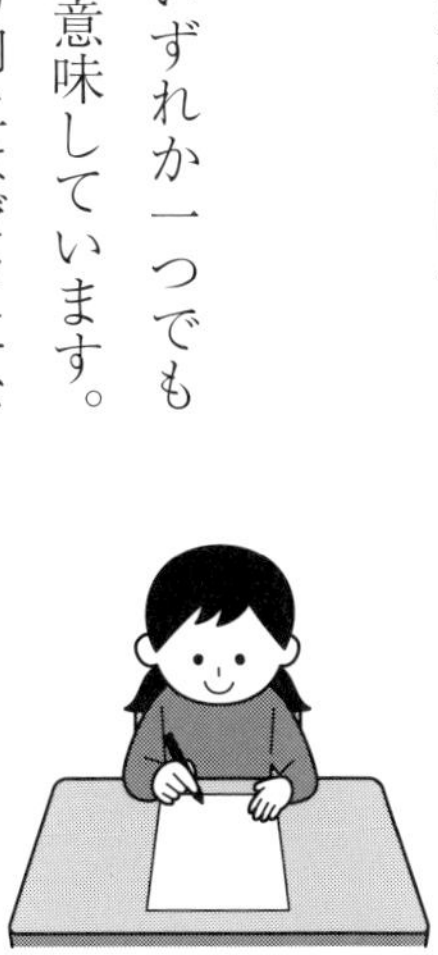

50

先人が残した子育ての言葉 ― ことわざから学ぶ

古くから人々のあいだで言い伝えられてきた言葉に「ことわざ」があります。故事成句、慣用句なども含まれます。これらのなかには子どもの教育や躾に関わるものもあり、それらを見ると、いつの世も変わらない子どもを育てる鉄則を学ぶことができます。それらのなかからいくつかを紹介します。『ことわざ成句使い方辞典』（大修館書店）を参考にしました。

可愛い子には旅をさせよ

子どもを可愛いと思うのなら、甘やかさないで、むしろ世の中の苦しみや辛いことを体験させたほうがよいということです。かつて旅立つことは試練に立ち向うことでした。

鉄は熱いうちに打て

鉄は熱して軟らかいうちに打って鍛えています。これと同様に、人も純粋な気持ちをもち、柔軟性のある若いうちに鍛えることが大切です。時機を逸しないという意味もあります。

雀百まで踊り忘れず

雀はいつまでも飛び跳ねる癖が抜けないように、幼いときに身につけた習慣は幾つになっても改まらないことを言います。本来は、よくない習慣が抜けないことを言うそうです。

手塩に掛ける

自ら世話をして、大事に育てることを言います。「手塩」とは、各人が自分で手にとって味つけができるように、食膳に添えられている少量の塩のことです。

習うより慣れよ

人に教えられて学ぶよりも、実際に経験を重ねたほうが効果的であるということです。「習う」には教えを受けるという意味があります。「慣れよ」とは体で覚えることです。

目は口ほどにものを言う

情けのこもった目つきは、言葉で説明することと同様に、あるいはそれ以上に、気持ちを相手に伝えます。喜怒哀楽の情はまず目に表れることからこう言われます。

三つ子の魂百まで

幼い頃に形成された性格や習慣は、その後、年をとってからも変わらないということです。幼い頃に習い覚えたことは忘れないという意味ではありません。「雀百まで踊り忘れず」と類似表現です。

泣く子は育つ

大きな声でよく泣く子どもは元気である証拠ですから、よく育つということです。類似表現に「寝る子は育つ」があります。泣くも寝るも健康であることを言っていますが、因果関係はありません。

あとがき

「やってみせ　言って聞かせてさせてみて　誉めてやらねば　人は動かじ」
連合艦隊司令長官・山本五十六が残した有名な言葉です。「人を動かす」ための鉄則を述べたものです。多くの企業経営者が座右の銘にしていると聞きます。この言葉を知ったのはかなりまえのことですが、その後このあとに次のような言葉がつづいていることを知りました。

「話し合い　耳を傾け承認し　任せてやらねば　人は育たず　やっている姿を　感謝で見守って信頼せねば　人は実らず」

ここには「人を育てる」「人として成長させる」鉄則が示されています。鉄則とは関わり方の基本のことです。つなげて読み進めると、五十六の言いたかった神髄が伝わってきます。

いつの時代も、どのような社会でも、人を動かすこと、人を育てることが課題になります。五十六の言葉の「人」を「子ども」に置き変えると、学校では学級担任が、家庭では父母など保護者が、それぞれ子どもに関わる際の姿勢が伝わってきます。短い文章のなかに、大切なキーワードをたくさん見つけることができます。

私たちが行っている「育てる」という行為は子どもたちに対してだけではありません。わが家の狭い庭で、家族が毎年いろんな草花を育てています。今年も朝顔の種を蒔きました。美しい花が咲くのを楽しみに肥料や水を与えました。いつ咲くのか。どのような色の花を咲かせるのかを楽しみに待ちます。咲くのは数か月先です。性急に成長させるわけにはいきません。

　つるが伸び、葉が繁り、やがて蕾がたくさんつきました。そして、大輪の青色の朝顔が咲きました。花を咲かせたのは家族ではなく、朝顔自身です。家族が行ったことは肥料や水を与えたり支柱を立てたりするなど手入れや世話だけです。花が花を咲かせるのをただ援助しただけです。だから、車をつくるとは言いますが、花をつくるとは言わず、花を育てると言うのでしょう。花をつくる力はその種子や茎のなかにあり、成長とともに養われていきます。

　子どもを教育する営みも、花を育てる行為と似ているように思います。子どものなかに潜んでいるよさや可能性を引き出し、美しい花を咲かせるために愛情をもって関わること、これが教師や保護者の最大の役割だと考えます。朝顔を育てながらこんなことを考えました。

　令和２年度は、新型コロナウイルスの問題でスタートしました。自宅に閉じこもることが多くなり、教育とは何か。教師や保護者の役割とは何かを改めて考える機会になりました。コロナ問題が起こったことで、立ち止まって考えることができました。その結果、見えないものが見えてきました。これまで気づかなかったことにも新たに気づきました。

　終わりに、本書の原稿を取りまとめる際には、妻の淑恵さんから貴重な助言と支援をいただきました。よき執筆環境を整えてくれたことにも感謝します。

著者紹介

北　俊夫（きた・としお）

福井県に生まれる。

東京都公立小学校教員、東京都教育委員会指導主事、文部省（現文部科学省）初等中等教育局教科調査官、岐阜大学教授、国士舘大学教授を経て、現在、一般財団法人総合初等教育研究所参与及び学校教育アドバイザーとして講演や執筆活動を行っている。また、リーフレット『教育の小径』を文溪堂から毎月発行している。

〔**主著**〕

『「なぜ」で読み解く社会科授業のヒント』『「ものの見方・考え方」とは何か』『社会科学習問題づくりのマネジメント』『なぜ子どもに社会科を学ばせるのか』『こんなときどうする！　学級担任の危機対応マニュアル』『言語活動は授業をどう変えるか』『若い先生に伝えたい！授業づくりのヒント60』（文溪堂）、『あなたの社会科授業は間違っていませんか』『「主体的・対話的で深い学び」を実現する社会科授業づくり』『「思考力・判断力・表現力」を鍛える新社会科の指導と評価』『“知識の構造図”を生かす問題解決的な授業づくり』（明治図書出版）、『新社会科討論の授業づくり―思考・理解が深まるテーマ100選』（学芸みらい社）など多数

〔**編著**〕

『小学校社会科「新内容・新教材」指導アイデア』『小学校社会科「重点単元」授業モデル』（明治図書出版）、『平成29年改訂小学校教育課程実践講座　社会』（ぎょうせい）など

保護者と語りたい子育て話材50

2021年1月第1刷発行

著　者　北　　俊夫

発行者　水谷　泰三

発行所　株式会社**文溪堂**

［東京本社］東京都文京区大塚3-16-12　〒112-8635
TEL 03-5976-1311（代）

［岐阜本社］岐阜県羽島市江吉良町江中7-1　〒501-6297
TEL 058-398-1111（代）

［大阪支社］大阪府東大阪市今米2-7-24　〒578-0903
TEL 072-966-2111（代）

ぶんけいホームページ　https://www.bunkei.co.jp/

印刷・製本　サンメッセ株式会社／編集協力 株式会社イシュー

ISBN978-4-7999-0401-5 NDC375　112P 210mm × 148mm
定価はカバーに表示してあります。
落丁本・乱丁本はお取り替えいたします。